中国式金融魅影
即将来临的七千万大失业

刘军洛◎著

人民东方出版传媒
东方出版社

图书在版编目（CIP）数据

中国式金融魅影 /刘军洛 著. —北京：东方出版社，2014.1
ISBN 978-7-5060-7137-6

Ⅰ.①中…　Ⅱ.①刘…　Ⅲ.①地方财政–债务危机–研究–中国　Ⅳ.①F812.704.5

中国版本图书馆 CIP 数据核字（2013）第 306415 号

中国式金融魅影
（ZHONGGUOSHI JINRONG MEIYING）

作　　者：刘军洛
责任编辑：付云阳　李　烨
出　　版：东方出版社
发　　行：人民东方出版传媒有限公司
地　　址：北京市东城区朝阳门内大街 166 号
邮政编码：100706
印　　刷：三河市金泰源印装厂
版　　次：2014 年 3 月第 1 版
印　　次：2014 年 3 月第 1 次印刷
印　　数：1—30 000 册
开　　本：710 毫米×1000 毫米　1/16
印　　张：13.75
字　　数：147 千字
书　　号：ISBN 978-7-5060-7137-6

发行电话：（010）65210056　65210060　65210062　65210063

CONTENTS

目录

序 / 1

上篇　美、日、欧、中动态博弈中寻求决策

第 1 章　切中美国要害应对美国必走棋局 / 3

当一个国家的政府债务规模超过 *GDP* 的 90% 以后，这个国家经济增长就会陷入举步维艰的旋涡，这个国家大部分经济增长的收益都必须去支付债务的利息。失控上升的债务数字和失控上升的利息数字成为了这个国家经济发展的枷锁，最后，这个国家只有采取自欺欺人的做法，就是大规模印刷钞票，依靠通货膨胀的古老方式来解决问题。此时，这样的国家也就会彻底失去科技创新的动力，进入灾难性的经济和社会的大崩盘的模式。

第 2 章　中国是腾飞还是殉葬，决策就在当下 / 21

中国与美国之间，我们能否作这么一个假设：即把某些中国主流经济学家送到美国去掌管经济宏观政策，我们把格林斯潘改造成中国人，请他到中国来掌管经济宏观政策，那么答案是什么？所以美国人没有那么高明，高明的是一句老话——庸才误国。

第 3 章　德国危机、中国紧缩就是制造第三次世界大萧条 / 33

为什么长期拥有大量贸易盈余的德国经济体,德国银行业的资本金却是如此的脆弱呢?问题在于,德国对边缘国家的融资之中,大多数是西班牙的负债,金额已高达创纪录的 4150 亿欧元,融资意大利债务的 2800 亿欧元也创下最高纪录,希腊则是 1050 亿欧元。

第 4 章　页岩气+四大发明+碳关税 = 强秦 / 47

页岩气的能量值,足以让美国又一次的飞跃,解决了能源问题,就像人类解决了吃饭问题,剩下的就是自由发挥创造价值的问题了。中国的企业这时却要为美国的碳关税、中国的雾霾埋单,而不得不进行极高成本的脱硫、脱硝甚至脱汞,导致亏损连连濒临破产。当中国还在解决低端产能过剩的问题之时,美国却在页岩气的护卫下,大肆发展着" 四大发明" ——3D 打印、大数据、无人驾驶、机器人等科技产业。

下　篇　**从灾难到毁灭,还是从危机到生机**

第 5 章　人民币主动升值成全鸵鸟式安全 / 71

目前,中国的存款准备金达到 20%,接近历史高位。中国的存款准备金可以降低到 8% ~ 10% 的水平。只要中国人民银行降低 5% 的存款准备金,就等于释放了 4 万亿人民币的货币供应。所以,中国人民银行是全球最有钱的央行。

第 6 章　地产商小资金投入高位出货胜利大逃亡 / 91

人民币升值是政府有目的经济行为，与中国制造业全面被卡死相
比，人民币升值给房地产商带来充足资金的同时，伴随的是一二线城市
房价和地价的疯狂飙升，同时，已经逐渐萎缩的三四线城市房地产也跟
着大卖。房地产商手上积压的房产因此得以高位出货，以小的资金投入
完成胜利大逃亡的华丽转身。

第 7 章　企业在钱荒和高税负下死去 / 105

中小企业尤其是优质中小企业对资金需求十分强烈，资金问题已经
成为制约中小企业成长发展的关键因素。对于极具顽强生命力的中小企
业来说，如果这方面的制约能够解除，中国很多中小企业的产能和销售
额都能提高 30% ～40% 。

第 8 章　正确对待地方债否则引发世界大动荡 / 121

2013 下半年，大约 1270 亿的地方政府性债务到期，为 2000 年以来
最高。2014 年到期的债务达 2088 亿元，比 2013 年增加 10% 。数千亿的
债务进入偿债高峰期。政府一纸批文可以让地方债展期，可紧迫的国内、
国际形势还容许地方债展期吗？

第 9 章　养老金是最大的庞氏亏空永远的地方债 / 145

中国老龄化的进程在加速达到发达国家的水平。如何处理老龄化问
题成为一个国家的生存问题。西方发达国家无时无刻不在为现在和未来

的养老金问题谋划着。中国也在谋划着，但把可持续交养老金的制造业逼死，后续资金没有了来源，把中产阶级"刚需"的钱交给土地财政，目前看来一时之困都没有得到解决，更谈何将来？

第 10 章　站在失业的崖边给马儿一记紧缩的皮鞭 / 163

几乎对所有国家的政府来说，公务员人数的削减都是一个难题。一方面，政府的运作有赖于公务员的维持；另一方面，在整体社会架构中，公务员又是一个既得利益集团，减员往往遭遇来自国家机关的强大阻力。但是如果来自"不可抗力"时，削减不再是难题，却是灾难。

第 11 章　正确的城镇化布局化解转型危机 / 185

中国制造业发生了什么？是中国工人不勤奋了，还是企业主们没了创业的斗志？好像这些都不是，对于中国人的韧性和吃苦精神世界第一不容置疑。所以，在中国除了政策可以杀死企业以外，中国人永远会前进再前进下去。中国人永远是片刻不偷懒克服一切的工蜂，但，再智慧再任劳任怨也抵不过突然袭来的又迟迟不过去的冬天。

结语　从大萧条到大失业 / 195

当我们被迫选择了紧缩，那么我们就已经成为长期失业大军中的一员。我们当正视经济政策的一错再错，不要重蹈覆辙。大失业是否爆发在政策间摇摆或确定。

序

中国人的平均寿命越来越长,中国的每一个经济运行周期却越来越短,振荡波幅越来越巨大。

自新中国成立以来,60 岁以上的老年人见识过十年一大周期,三年、五年一小周期的经济波动。在每一次变革或改革中,总会有一些人成为牺牲品,一些人占上风,然后又跌下来,很少人能躲过每一次的动荡。我们就像游戏里在冷枪暗炮中抱着自卫武器探头探脑闯关的"小人儿",总会有一关等你牺牲。

毋庸置疑,在世界经济放缓的大背景下,政府在 2008 年执行的 4 万亿救市计划对经济增长的稳定做出了重要贡献。然而,4 万亿救市计划在经济领域仍带来了不少的负面影响。

现在"4 万亿"引发的地方债已经蓄积了巨大的能量,等待让中国人再次体会什么是经济危机。此次危机将波及刚刚走上社会的"90后"、正在成长的"00 后"以及"10 后",甚至捧着金饭碗的公务员都不可幸免。不知道在这一关上您和您的家人能否平安渡过。

2008年美国次级债带给世界的伤痛还没有结束，中国却又再吞下"4万亿"后的紧缩苦果。"4万亿"是在美国次级债爆发、世界经济迅速冷却紧缩的状态下推出的，这时本已产能过剩，以出口为导向的中国经济，却被"4万亿"将产能过剩的泡沫吹得更大，这必然是难以为继的卖肾装富。

但是，最严重的问题还不是被"4万亿"吹大的恶性产能过剩，而是"4万亿"带动的地方各种投资高达15万亿以上。就是这个躲在幕后的15万亿，正在威胁着我们的工作机会、工资收入、房贷车贷、父母养老……因为这15万亿催生了中国史无前例的地方债，规模超过了美国当年的次级债。

在很多时候我们认为的经济政策总是没有自然的发展来得那么安全。2008年美国次级债爆发，中国经济如果按自然的法则继续走下去，趁机调整结构，淘汰低效高耗的产能过剩的企业，以中国人的智慧和勤奋，中国自然会发展成为顺应世界潮流的新型经济体。但是"4万亿"却火上浇油般地摧毁了这次自我调节的机会。毫无疑问"4万亿"是中国地方债的罪魁祸首。

本书期待在地方债爆破既成事实之前，采取为了维持一个谎言就撒一个更大慌言的办法，保住地方债，这场空城计一定要唱到底，以时间换空间等待日本的"救援"。

地方债正处于悬崖边，等待我们的命运即将揭晓，在这个时刻本书企图充当地方债的闯关秘籍。

上 篇

美、日、欧、中动态博弈中寻求决策

中国经济经历了 20 年的迅速成长，已经膨胀成为和美、日、欧齐头并进的全球大型经济体。实力相当的四者可以在同一平台上合作、较量和抗衡。

而美、日、欧都在努力借助对方的实力促进自己的经济发展，有时甚至是不择手段牺牲别国的利益来解决自己国家的经济困局。各国领导人都在为自己国家争取最大利益。

在这场博弈中，智商高者胜出。但是，很多时候却是因为对手失误，造成了意想不到的结果，被天上掉下来的"馅饼"砸中了。

在这个以四大巨头为首的世界格局中，对中国来说，对手们的一举一动可能才是我们最该严阵以待的。

但是，如果我们一味自信地关起门来"调结构"，却没有想到灾难不是来自蝉的集体反抗，而是身后黄雀把蝉与螳螂打包捕食。在丛林规则面前，我们不但要知己，更要知彼，知彼就是了解美、日、欧的困难和优势，他们为解决困难可能会怎样利用自己的优势采取怎样的措施。在利益面前，是残酷的你死我活的斗争。

中国的经济体量和手中一票的决定权，让中国在四大巨头中有着一锤定乾坤的力量。中国人民银行 2007 年错误地采取货币紧缩措施，在 2008 年制造了第二次世界性的大萧条。中国人民银行在 2013 年的紧缩政策同样可以再制造第三次世界性的大萧条。中国在四巨头中的地位可谓呼风唤雨，可以让世界繁荣，但也可以让世界萧条毁灭自己。把决定权交给硬币吧，世界和中国还有 50% 的胜算。

第 1 章　切中美国要害应对美国必走棋局

2009 年 3 月，美联储开始的量化宽松（Quantitative Easing，简称 QE）行动中，美联储通过超级存款准备金的手段，实际上将大量流动性货币控制在美国银行业手上。这样，必然会产生大量的"美元套利交易者"，投机全球的风险性资产，包括中国的房地产。到 2012 年，美国银行业的手上大量储备的流动性资金开始进入美国的房地产市场。同时，全球性新增加的"美元套利交易者"数量开始进入减少模式。

为什么美国史无前例的量化却没有带来通货膨胀

为什么今天的美国经济，在史无前例的货币量化和超级扩张的财政赤字下，却没有出现通货膨胀的问题？甚至存在严重的通货紧缩？

在过去的五年,美国通胀一直处于较低水平。美国物价指数平均年增长为 1.5%,而美联储密切关注的核心通胀指标,不包括食品和能源的个人消费支出指数增长率也仅为 1.5%。

与其产生鲜明对比的是美联储的资产负债表规模。美联储已经购入了超过 2 万亿美元的联邦债券及按揭证券,这种购买速度是过去十年平均速度的 10 倍。仅仅在 2012 年,美联储的资产负债表就上升了 20%。

货币主义一直是美联储制定货币政策的框架。20 世纪 70 年代,美国货币供应量每年按 9.6% 的速度增长,而通胀也上升到半个世纪的新高,年平均达 7.4%。在 20 世纪 90 年代,美国年货币供应增速为 3.9%,平均通胀率则低至 2.9%。

在过去的五年中,美联储空前负债行为居然没有引起美国通货膨胀的出现,这的确修正了许多货币主义者的神经。

和通胀最紧密相关的货币存量主要包括商业实体和家庭在商业银行中的存款。传统上说,美联储的大规模负债行动会导致货币存量增速的上升。而美联储 2008 年一项非常有效的行动,切断了负债和货币存量规模之间的联系,从而使得美联储在负债迅速上升的同时不会增加市场上流通的货币存量。因此,这就自然不会引发美国通货膨胀了。

真正秘诀,就在于美联储创造的超级存款准备金率里面。

众所周知,商业银行必须在央行储蓄与自己总存款呈一定比例的准备金。在 2008 年之前,超过这一比例的任何超额准备金都无法从美联储获得利息。商业银行因此会利益趋向将所有多余的资金尽可能地借给家庭和企业,这就增加了货币存量。而后两者获得这笔资金后将增加消费,从而推高名义 GDP 以及通胀。这就是美联储过去历史上的负债行为和货币存量以及通胀率之间的联系。

但是,这一百年不变的联系,在 2008 年 10 月被打破了。美联储开始对超额准备金支付利息,从而诱使美国商业银行不再让大量超额准备金进入经济体系。

结果,促使储蓄在美联储的超额准备金从 2008 年的不足 20 亿美元上升到了如今的 1.8 万亿美元。而广义货币存量在 2008 年 ~ 2012 年每年仅仅上升 1.5%。

这就是为什么美国通胀率如此温和,甚至是标准的通货紧缩经济模式。

美国私人银行业的超额准备金自 1959 年以来都维持在接近 0 的水平,银行此前会维持零水平的超额准备金,因为他们会把钱投入生息资产,比如对消费者和企业的贷款。

现在,美国银行业手上却储备有创纪录的 1.8 万亿美元的超额准备金,同时美国企业手上也有创纪录的 1.6 万亿美元现金。

超级准备金加速入市成就美国就业欣欣向荣

2013 年 7 月 5 日,美国政府发布的 6 月非农就业报告显示,6 月的美国就业量环比增 19.5 万,明显好于市场的普遍预期。

与此同时,6 月的失业率维持在 7.6%,与 5 月持平,这主要与更多人加入劳动力大军有关。此外,劳工部修正了 4 月和 5 月的就业人数,两个月总计增加的岗位比初报值多出 7 万。据路透社调查,经济学家之前平均预期 6 月非农就业环比将增加 16.5 万,失业率环比将下降 0.1 个百分点,至 7.5%。

2013 年 6 月非农就业的增长几乎完全得益于美国私营领域就业的增加,6 月私营就业大幅增加 20.2 万,而此前的 5 月增量为 20.7 万。与之形成鲜明对照的是,政府雇佣量环比下降 0.7 万,而此前的 5 月下降为 1.2 万。所以,2013 年 3 月 1 日,美国总统奥巴马签署了自动减支令,正式启动了强制性支出削减机制。减支的规模占美国政府年度支出的 2.4%,并没有影响到美国经济的良好增长,这一点说明,目前美国经济的复苏还是比较扎实的。

在 2008 年这场经济大衰退中,美国总计损失了 880 万个工作岗位,到目前为止仅恢复了 370 万个。而眼下约有 1250 万美国人仍处失业状态,其中超过 40% 的人已失业 6 个月以上。理论上,对美国而言,每个月至少要保障 15 万个新增就业岗位,才能确保新劳动力进入市场。

这样,我们需要了解一些比较复杂的经济常识。

(一)2008 年大萧条以来,中国人民银行和中国经济学家的思维逻辑,是美国经济结构性处于长期失业率恶化的阶段,特别是结构性失业的存在将成为美国消费市场复苏的最大阻碍。更可怕的是,美国制造业的衰败将导致更多人丧失再就业能力,这对美国经济重回正常增长将形成严重的拖累。

但是,美国有 1200 万的高失业人口,很重要的原因是,美联储伯南克 2009 年 3 月开始的连续性、大规模的 QE 行动,实际是强行拉低了美国长期债券收益率价格,造成美国短期债券价格和长期债券的价格价差严重平滑。

这样,美国金融机构向中小企业放贷就要面对极高的风险溢价。目前,美国金融机构储备了1.8万亿美元超级准备金。所以,美国金融机构宁肯把高达1.8万亿美元现金放在美联储可怜的0.25%准备金仓库,也不愿意承担向美国大量中小企业放贷的极高风险溢价。伯南克是当今全球研究1930年世界大萧条的顶级人员,其出版的《大萧条》一书中,也明确指出1930年~1932年期间,美国经济持续恶化的重要原因就是美国金融机构不愿意向美国中小企业放贷,而当时美国短期债券价格和长期债券价格价差的严重平滑正是主要的问题。

美国就业市场的80%份额是依赖美国中小企业经营状况的,而美国长期债券收益率上升后必定出现短期债券价格和长期债券价格的价差扩大。金融机构都是向市场借入价格比较低的短期债券,然后,再以比较高的长期债券收益率价格转手向市场放贷。这样,必然引发美国金融机构向美国中小企业疯狂放贷的狂潮,因为美国金融机构在短期债券价格和长期债券价格的价差扩大周期中,其大规模向中小企业放贷的风险溢价是非常低的。可以肯定,美国就业市场将开始大幅好转。

(二)美国房地产价格经历5年以来的下跌,美国当前的平均房价已经到美国家庭收入中值的2.84倍,为近几十年来的低点,事实上,美国历史上一定要找这样低廉的房价,至少要回到1976年。

而从2008年大萧条以来,美国住宅市场是陷入有史以来最糟糕的时期。所有的新屋开建数字,许可数字,以及二手房销售数字都结构性长期全线下滑。

美国市场两个基本因素开始为美国房市活跃奠定重要基础。其一,新房建设规模降到了历史性的低位。其二,全美自2006年以来的平均降幅达到30%,而遭受重创地区的降幅甚至达到55%。目前,住房拥有者的住房开支,仅占按揭还款、税负和保险开支的税后收入的9.8%,该比重较2007年泡沫高峰期17.2%低了很多。其三,如在亚特兰大拥有住房的开支要比租房低34%,迈阿密每月租房的平均开支为1031美元,而拥有一套平房或郊外住宅的月均开支为856美元。

美国当前转售的住房供应量约为350万套,数据的确偏高,要消化这些存量房所需时间要8个月以上。问题还是需求和供给将产生的价格。目前,美国住宅投资在国内生产总值当中所占据的比重目前已经萎缩到了2.2%,大大低于近5%的长期平均水平——历史最低点是1933年的1.1%,在建的独栋住宅数量已经下滑70%,跌至2012年的42.4万幢,为历史最低纪录。2010年的数字为58.69万幢。2011年的数字为42.86万幢。

美国平均每年需要建设120万~150万套住宅,才能满足正常的供给水平。而过去几年的连续历史最低纪录的房地产建设,已经让美国许多地区的房地产供给出现了结构性的紧张。

同时,目前美国市场有1200万人迫切希望尽快找到工作。找到工作以后,其中的许多人都会放弃租房而尽快购买房子的。而美国房地产服务业和住宅建筑业创造的产值已经超过美国的制造业,成为仅次于美国金融业的核心产业。

当然,你现在必须知道的一个经济学常识,就是在美国长期债券收益率的上升过程中,是会引发美国银行业大量向美国中小企业进行疯狂贷款的。而终于可以获得贷款的大量美国中小企业,就会集体性增加人员的使用。同时,大量获得就业机会的美国人,大部分都会迫切利用美国房地产价格已经为近几十年来的低点的机会,购买房地产。在支付租房租金和买房贷款成本一致的情况下,只要有工作的机会,大部分人都是愿意选择贷款买房的。相应地,美国的建筑业和房地产服务业也会爆炸性好转。接着,就是美国核心产业金融业的大繁荣了。所以,今后千万不要惊讶美国就业市场翻天覆地地变好了。

(三)目前,美国官方的失业率数据并非衡量美国就业市场真实情况的最精准指标。根据美国官方统计口径,放弃寻找工作的长期失业者将会被统计部门从劳动力人口中剔除,失业率的下降将不单纯是因为新增就业岗位的增加,很可能是因为大量劳动力人口因未能积极寻找工作而"被退出"统计范围。

2012年4月,失业率虽进一步下降,但这主要是因为当月有34.2万人放弃寻找工作。如果换一个指标看,当月美国适龄人口就业参与率仅为63.6%,创下1981年以来最低水平。

中长期来看,美国经济出现了一个巨大的结构性的新变化。就是,随着目前大量美国婴儿潮的集体性的退休,美国社会的未来所需的新增就业岗位也会逐渐放缓。并且,可能会出现2~3个退休的岗位,只有一个应聘者参与的现象。

美国"婴儿潮"期间出生的人口有 7900 万,约占目前美国全国人口的 26%,这些人到 2030 年将全部退休了。

所以,这个世界上真的会有人相信美国的就业会是美国联储和美国政府头痛的问题吗?

而高达美国银行业手上的 1.8 万亿美元超级准备金,正在加速度进入美国市场。

美国等发达国家迫切财政紧缩,解救债务和支出

美国经济面临的结构性问题是非常清楚的。庞大的美国政府债务规模和失控上升的美国政府支出,是目前美国政府唯一关心的问题。

2008 年,美国爆发的大萧条,迫使政府通过大量负债,扩大政府开支来挽救美国经济。2008 年,美国政府的债务有 7.8 万亿美元,占美国 GDP 比重为 55.5%;2012 年,美国政府的债务迅速上升到 16 万亿美元,占美国 GDP 比重为 107.2%。

2008 年,德国政府的债务占 GDP 比重为 43.1%;2012 年,德国政府的债务上升到 2.6 万亿美元,占德国 GDP 比重为 83%。

2012 年,法国政府的债务占 GDP 比重为 88.3%;英国为近 90%;意大利为 127%。

2012 年,日本政府的债务占 GDP 比重为 238%。

同时,2008 年美联储的资产负债表规模在 9000 亿美元。到 2012 年年底,美联储的资产负债表上升到了近 3 万亿美元。

2012 年,欧洲央行的资产负债表约为 3.5 万亿美元。2012 年,日本银行的资产负债表约为 1.8 万亿美元。

发达国家普遍陷入了政府负债和央行负债难以为继的情况。

美国养老问题是美国政府绕不开的命题。对于美国"婴儿潮"一代而言,2011 年的元旦是他们人生的一个里程碑。首名婴儿潮出生者——1946 年 1 月 1 日生于布法罗的纳赫赖纳庆祝了自己的 65 岁生日,而在今年,平均每 8 秒钟便有 1 人跟他一样,踏入退休年龄。美国前总审计长沃克形容,"婴儿潮"的退休将掀起一场"开支海啸"。据估计,美国医保计划已缺资最少 23 万亿美元,到 2030 年有可能破产。

美国"婴儿潮"是"二战"的产物,包括美国社会 1946 年初至 1964 年底出生的人。在"婴儿潮"期间出生的人口有 7900 万,约占目前美国全国人口的 26%。美国目前有 13% 的人年龄在 65 岁或以上,估计在 2030 年以前,随着最后一名"婴儿潮"的出生者踏入 65 岁,有关百分比将增加至 18%。皮尤研究中心调查显示,在未来 19 年中,每天将有约 1 万名美国人迈入 65 岁。

自 1965 年起,年满 65 岁的美国人可享受联邦政府的医疗保健计划(Medicare)福利,目前有 4600 万人享受医保,20 年后将增至 8000 万人。分析称,美国的医保开支将由目前每年的 5000 亿美元,到 2020 年激增至 9290 亿美元,占国内生产总值(GDP)的百分比,由 2012 年的 3.6%,到 2030 年将大幅增至 6.4%。医保计划在未来 75 年的负债额将高达 38 万亿美元。

皮尤研究中心的行政副总裁泰勒最近在一份研究中,这样形容他们这一代人："我们颇为凄凉"。分析指出,这可能与美国经济陷入困境、人到中年的需求和这一代人的崇高理想无法达到有关。

由于美国推行养老保险制度,传统退休金逐渐成为了历史名词。据统计,在 30 年前,接近 40% 的美国私营企业员工享受退休金,足以保障老年生活。但如今这一比例已下降到不足 15%。从 20 世纪 80 年代起,美国推行一种由雇员和雇主共同缴费的基金式养老保险,现已成为许多雇主首选的员工养老保障计划。

此外,医疗风险也成为退休一族的潜在危机。美国绝大多数人没有投保长期住院保险,一般的医疗保险只负担两个月的医疗费用。随着"婴儿潮"一代年事日高,退休后患病和入院治疗的可能性越来越大,而一旦长期住院,很多人可能支付不起高昂的医疗费用。

而对于退休的男性来说,仅医疗支出一项就将达 18.7 万美元,女性更是高达 21.3 万美元。

"婴儿潮"一代陆续达到退休年龄,对美国经济也将造成很大影响。据估计,到 2030 年,医保和社保支出占美国国内生产总值的比重将从 2010 年的 8.4% 上升到 11.2%,而同期美国劳动人口增长速度将放慢,财政收入的增长也会变慢,财政赤字可能进一步扩大。据预测,到本世纪中叶,美国领取养老金的退休老人与就业者的比例将缩小到 1∶2,美国政府很可能面临无力支付养老金的危险。此外,"婴儿潮"一代人数相当可观,对美国选举政治的影响不容小觑。有统计显示,未来 20 年内,65 岁以上的老人占美国选民总数的比例将提高近 10 个百分点,民主与共和两党在将来的选举和政策制定中都不能不考虑他们的立场和需求。

德国等欧洲国家的高福利养老和后继无人的问题更是经济政策面对的难中之难。

毋庸置疑,德国长期依靠欧元货币的低估获取了大量欧洲地区和全球的贸易盈余。但是,德国自身则开始面对一场真正巨大的经济结构性挑战,这就是德国的老龄化问题和欧洲的老龄化问题。

德国是目前世界上老龄化最严重的国家之一。据德国联邦统计局 2010 年的数字,60 岁以上人口达 2170 万,占总人口 8220 万的 26.4%。其中 65 岁以上人口为 1600 万,占总人口的 19.5%。这是一场德国正在经历的人口变化。自 1970 年以来,德国新生儿人数一直少于死亡人数。由于外来移民起到平衡作用,很长一段时间内,德国人口的缩减在德国社会上未被觉察。但 2003 年以后,移民也不再能阻止人口缩减。据乐观估计,2030 年德国人口将减少 1.7%。

同时,人口老龄化程度越来越高,这不仅是因为新生代的匮乏,而且也因为,人的平均寿命持续增长——比 20 世纪增加了30 年。如今,新生女性婴儿的平均寿命预计为 81.5 岁,男性为76.6 岁,预计有 90% 以上可以活过 65 岁。德国人口的老龄化和缩减带来深远的社会影响。在偏远地区,基础设施的维持显得越来越困难。学校在关门,医生要负责大片的区域,维持传统能源供应和水供应效益将很低。

城市空间在为人口老龄化做准备。市中心将建起养老院,人行道铺设得将尽量平整,老年人的休憩场所将替代了游乐场。甚至监狱也在为其居住者的老龄化问题做着准备。

所有这一切并非消极,只是不同于以往,社会可以适应这些情况,重新改造旧有模式:在较小的学校里,不同年龄的孩子可以一起上课,进入专业课时,可以单独升入其他学校;偏远地区的医生可以进行远程医疗服务;在过渡时期,也许可以重新起用小店铺和流动商贩,以替代大商场,他们还可以为日常用品的网上定购提供帮助;人们不再在大家庭中老去,各年龄段混合的居住和生活方式发展起来。对于这些,社会、经济以及个人都要有一个思维变换和适应过程。

到 2030 年,德国 15 岁 ~ 64 岁之间有劳动能力的人口将会缩减12.6% 。这对于,一个期望未来长期获取欧洲地区和世界贸易盈余的制造业国家,将成为一座不可逾越的高山。这不仅是德国经济所面临的难题,同样也是全球性的难题。到 2020 年,意大利 20 岁 ~ 65 岁之间工作人口对 65 岁以上老人的比例将是 1. 6,德国是 1. 8,法国是 1. 9,美国老年化则略微好一些,是 2. 4。

而德国、法国和意大利在养老制度上的慷慨大方,正在和它们的老龄化问题形成激烈的冲突。德国和法国的退休人员每月可以拿到正常上班时候每月工资的 70% ,意大利是 80% 以上,而美国则只有50% 不到。到 2020 年,法国和意大利的养老费用支出将占到本国GDP 的 15% ,而德国的比例将达到 12. 7% ,美国只有 5% 不到。目前,德国、意大利和法国的税负已经占到本国 GDP 的 38% ~ 45% ,美国占 25% 。

这样,我们清楚地看到,美国养老金体系的财务状况是相当不错的。由于美国经济的增长速度长期来看远高于欧洲国家,而美国企业又更加积极参与全球生产的配置,包括美国社会一直习惯理性的福利制度。所以,目前为止美国养老金资产已经积累了一大笔财富,相当于美国 GDP 的 110%，更是相当于全球养老金资产的 60%，而美国的 GDP 只占到全球 GDP 的 23%。德国养老金资产只相当本国 GDP 的 7%，意大利和法国更低。

德国目前身陷欧洲"笨猪五国"的债权规模高达 1 万亿欧元，相当于德国 GDP 的 30% 多一些。但是，德国养老金债务规模是高达 7.6 万亿欧元，法国是 6.1 万亿欧元。而随着意大利、西班牙和法国债券收益率的失控，未来欧洲国家的财政走入深渊已呈不可阻挡之势。

所以，德国是继续向法国、意大利和西班牙这些财政已经加速失控的国家提供大量资金，来购买德国的商品，还是趁早另寻其他道路呢？

最终美国会选择怎样的经济政策来解决美国的养老金问题呢？美国债券市场的规模必然会推动美国进入财政中性紧缩时期。

当一个国家的政府债务规模超过 GDP 的 90% 以后，这个国家经济增长就会陷入举步维艰的旋涡。因为这个国家的大部分经济增长的收益都必须去支付债务的利息。失控上升的债务数字和失控上升的利息数字成为这个国家经济发展的枷锁，最后，这个国家只有采取自欺欺人的做法，即大规模印刷钞票，依靠通货膨胀的古老方式来解决问题。此时，这样的国家也就会彻底失去科技创新的动力，进入灾难性的经济和社会的大崩盘的情况。

而经济的宏观政策，很重要的就是需要建立超前的结构性定位。目前，有目共睹的是，美国和德国都必须面对日益严峻的老龄化危机。那么，对于美国和德国的经济宏观政策无非只有两种选择：一种是依靠大规模印刷钞票制造通货膨胀;一种是依靠大规模发行债券。目前,美国政府债务占到美国 GDP 比重的水平是 100%,德国政府债务占到德国 GDP 比重是 81% 的水平。

从美国和德国的政府债务水平,尤其是美国政府的债务水平,普遍会让人认为美国政府只有选择依靠大规模印刷钞票来解决问题。而又由于,中国现在购买了 1.1 万亿的美国国债,这更加让中国上至央行和经济学家,下到平民百姓都坚信,美国政府只能走上大规模印刷钞票的这条愚蠢的道路。

事实是,如果美国政府只采取大规模印刷钞票来解决问题,美国政府的智商就和几百年前没有区别了。2006 年美国政府推出伯南克先生当选美联储主席,道理非常简单,因为伯南克先生是全球研究 1930 年世界性大萧条的顶级的研究人员。

而 1930 年全球性大萧条的最显著特征是,全球中等级债券和低等级债券遭遇全球交易商的抛售,而全球高等级债券遭遇了全球交易商的拼命抢购。

所以,我们现在也同样看到了,和 1930 年世界性大萧条一模一样的模式,希腊债券遭到全球交易商的抛售,然后,传递到西班牙和意大利债券遭到全球交易商的抛售。而与此同步的是美国债券和德国债券却遭到了全球交易商的拼命抢购。

那么,你现在就应该知道一个"1+1=2"的简单经济常识。目前,美国政府可以分别以名义价值计算的 0.5%、1.5% 和 2.5% 的利率来发行 5 年期国债、10 年期国债和 30 年期的美国国债。而未来美国长期的平均通货膨胀率是不可能低于 1% 的,那么,美国政府目前发行的美国国债利率实际就已经是零利率了。

而德国政府在 2012 年 1 月 9 日,发行的 6 月期国债拍出了负
0.01% 的利率水平。这令德国金融局职员当时大感意外,以至于起
初以为是出现了技术错误,所以,立刻把负号抹掉了,最后,德国金融
局职员经过反复确认,才发布更正恢复负号。这意味着,你购买德国
政府债券的时候,不是德国政府拿了你的钱后需要支付给你利息,而
是你拿钱给德国政府后还需要向德国政府再支付一笔利息钱。

真正的问题,已经非常清楚了。在实际利率为负的国家里,增加
任何大规模的维护工程和大规模的发债工作,都会让这个国家更加
富裕,所以,今天的德国政府的国家使命应该是降低德国经济的增长
速度和欧洲地区的经济增长速度,来获取债券收益率的无穷无尽的
秘密财富。

而问题对于西班牙、意大利、希腊这些债务危机的国家,则是应
该迫切提高经济增长速度。因为,只要是欧元区最终能够进入较高
的通货膨胀状态,欧元区的债务危机就会迎刃而解。

所以,2012 年 6 月初,美国经济学家、诺贝尔奖获得者克鲁格曼
先生也非常急切地指出——希腊人、西班牙人解决不了欧洲债务危
机,拯救欧元的唯一方法是德国和欧洲中央银行要意识到他们需要
改变自己的行为,需要增加开支,需要容忍更高的通胀水平。否则,
希腊、西班牙将沦为牺牲品。

而全球金融业大鳄索罗斯更早在 2012 年 4 月就指出——德国
在欧元危机中主张的路线将造成严重后果,并告诫人们提防严厉的
紧缩计划可能引发恶性循环。同时,索罗斯把当前金融市场比作一

辆打滑的汽车："司机得先把方向盘转到汽车打滑的方向,然后才能改变方向,否则我们就会重返1929年,犯令美国陷入大萧条的错误。安吉拉·默克尔就是不明白这个道理。"

那么,我们先来给美国经济计算一下债券收益率这个秘密财富。美国目前国债的规模在15万亿美元,美国如果执行比较严格的财政政策,到2020年美国的国债规模至少会上升到20万亿美元。

如果美国经济增长保持在2%的低水平增长率,这样,到2020年美国政府债务将占到美国GDP的110%的水平。而美国经济能够保持正常水平的3.5%的增长率,到2020年美国政府债务将占到美国GDP的100%的水平,和目前的水平一样。

这时候,你就知道了保持强劲增长的经济速度是可以降低美国债务占GDP比例的,而保持低水平增长的经济速度是会提高美国债务占到GDP的比例。表面上,美国政府应该努力提高美国经济增长的速度就对了。

但是,如果美国经济的增长达到正常的速度水平,那么,美国10年期的债务收益率也就会回归到正常水平的5%的价格。以5%的收益率水平来计算,到2020年美国政府每年需要支付的债务利息至少要达到6000亿美元。而如果美国经济的增长维持在2%的低水平速度上,那美国10年期国债收益率就会被成功控制在1.5%以下的水平,这样,到2020年美国政府每年需要支付的债务利息不仅仅是零,实际是持有美国政府债券的人,还需要每年向美国政府支付几百亿美元的利息钱。这种情况,在1930年的世界性大萧条中就曾经发生在美国政府债券和美国高等级企业债券身上。所以,现任的美国中央银行主席伯南克先生撰写的《大萧条》一书,就深刻指出——1930 年的美国中央银行没有解决好这个糟糕的问题。

现在,有人会指出,美国经济如果保持低水平的增长,那目前美国高达近 9% 的失业率怎么办? 的确,美国社会目前正面对高达 1200 万人的失业大军。但是,我们也必须知道,从现在起美国社会每天有 1 万多个 65 岁的老人加入退休者的大军,一年就有高达近 400 万人加入退休大军,并且这将持续 20 年的时间。也就是说,如果未来美国每年有 200 万新增人口的就业需求,不需要 5 ~ 6 年的时间,美国社会便会自然进入就业人口严重紧缺的环境。而且,随着大量退休人员的规模化出现,美国社会未来会紧急需要大量的护理人员和医院。这将是一场人类社会有史以来最巨大的变化。任何一个美国决策者,今天不去追求债券收益率的利益,而去追求提高美国经济增长速度的话,这不仅仅是一个超级"白痴",更是一个美国利益的"出卖者"。时代不同了,1930 年的美国大萧条是爆发于美国社会还相当年轻的时候,所以,当时的美国经济政策制定者的首要目标是——就业问题。而今天的美国社会正处于一场前所未有的老龄化到来的时刻,所以,美国经济政策制定者的首要目标必然是——债券收益率的秘密财富。

第 2 章　中国是腾飞还是殉葬,决策就在当下

　　2008 年全球性大萧条是中国人民银行和中国经济学家制造出来的。现在,中国人民银行和中国经济学家正在制造一场更加巨大的 2013 年 ~ 2014 年的全球性大萧条,也就是第三次世界性大萧条。1929 年是第一次世界性大萧条爆发,2008 年是第二次世界性大萧条爆发。现在,日本经济已经陷入无药可救的崩盘之中,而中国则是成长良好的经济体。但是,中国人民银行和中国经济学家却要进行一场所谓的中国经济的结构性调整,这必然重复 2008 年的错误,引发第三次世界性大萧条的爆发。

　　如果,在中国经济 GDP 高速度增长中,唯独日本经济崩盘了。这时候,必然引发全球性资本再次大规模配置到中国市场,中国经济就会有一场送上门来的推都推不掉的大腾飞。

　　这就如同 1989 年苏联经济崩盘后,全球资本疯狂进入美国,1990 年后美国经济进入一场前所未有的超级大增长年代,换了角色

的历史游戏即将重演了。

现在,如果我们发动一场第三次大萧条,中国经济必然会在全球性第三次大萧条中遭遇的毁灭性打击。到时候,再加之日元的疯狂贬值,将进一步有效地打击已经陷入全面毁灭性状态的中国经济。那时中国经济就会同样陷入比日本经济崩盘还严重的灾难。全球性资本届时会全部疯狂进入美国国债市场,逼迫美国经济在占领世界经济制高点的宝座。这就是真正经济学的秘密。

回顾博文叹"4 万亿"之殇

2012 年底,本人出版的《在大萧条中幸存》一书中指出——日本政府和日本银行将很快制造一场全世界震惊的日元大贬值。短短几个月时间,到 2013 年 4 月,日元贬值速度彻底让全世界都震惊了。

金融世界事实上是一个巨大的套利空间世界。所以,我们讨论日本的安倍经济学或者日元的战略性贬值的时候,我们需要先看看黄金与日元的走势。

在 2012 年 10 月,黄金下跌和日元贬值同时同步地产生了。尤其是黄金。黄金在 2011 年 9 月暴涨到 1900 美元/盎司,随后是一直平台波动到 2012 年 10 月,形成阶段的头部。现在的问题是,黄金主力在 2012 年 9 月完成最后的出货,那么黄金主力是否非常清楚地知道日本政府和日本银行的日元汇率政策呢?

我们来回头再看看 2007 年中国股市最火热的时刻,本人写了一篇博文《2008 年终结日与我们》。文章如下:

2008 年终结日与我们

2007 年 6 月 30 日

近期美盘大豆已牢牢站立在 800 美分/蒲式耳，石油也在小步挺进。而泰国财长则"此地无银三百两"地谈论泰国不会发生经济危机。作为全球大量进口大豆、石油的国家，一切是那么的高朋满座。

1990 年日本终结日与 2008 年中国终结日

1990 年日经指数被"美国政策+日本政策"削价一半，到 1993 年~1994 年后日本人才意识到金融战败。那么 1990 年应该是日本的终结年。目前中国推出大量宏观调控政策，如特别国债发行等。中国这些宏观政策必然导致中国地区债券收益上升，而在美国"中性货币政策+松财政"中，必然出现债券与外汇互换的零游戏。即中国宏观经济政策配合美国经济政策在中国市场进一步加速扩展流动性过剩。所以我们简单对比一下 1989 年的日本与今天的中国。

1989 年：美国央行紧货币+日本央行紧货币+巴塞尔协议+美日两国财政部共同治理日本泡沫=日经指数与日本地价长期暴跌。

2007 年：美国央行中性政策+中国央行中性政策+小布什生物能源法及石油扩充计划+美国财政部松财政+中国财政部紧财政=中国股市暴跌、中国楼市大涨、中国物价猛涨。这些概念是我在前三篇已叙述比较多的理论了。

中国真的是被美国打败了吗?

如果杀我们一千,其自损八百,那么这场金融战争是没有胜负之分的。但如果杀我们一千,我们有人还高声叫好,还无偿送上大量金钱,那么中国必败。近期中国某些主流经济学家大谈不能让股市好日子过得太久;股市跌房价不会上涨;中国推出特别国债等。滑稽再滑稽的是,在这之前美国格老、美国财政部、IMF已在大谈中国需要紧缩政策,需要制止股市泡沫,难道某些中国主流经济学家们是美国人的传声筒吗? 难道美国人想在中国宏观上干些什么,某些中国主流经济学家都蜂拥而上,拼命抢着干吗? 那么美国人是希望中国强盛还是希望中国像20世纪90年代的日本一样金融战败呢?

中国与美国之间,我们能否做这么一个假设:即把某些中国这些主流经济学家们送到美国去掌管美国经济宏观政策,我们把格林斯潘改造成中国人,请他到中国来掌管经济宏观政策,那么答案是什么? 所以美国人没有什么高明,高明的是一句老话"庸才误国"。

我们

中美金融之战的结果是,2008年中国股市削价一半,中国房价涨疯,中国物价涨疯。这场金融战争要打三年或四年,中国才可能彻底无回天之力。而在2008年~2009年,美国对冲基金将在美联储的配合下,冲击东盟货币,这是第一站。而后在日本央行配合下,全力冲击人民币。我们的力量是什么,每个人在自保中强大,让星星之火去反扑,记住不要觉得这离你很遥远,明天

你就将身处美国的关爱中。（完）

这篇博文最后的一段中，有这么一句话"而后在日本央行配合下，全力冲击人民币。"这是本人在 2007 年中国股市暴涨到4000 点时，所分析的日本央行的未来三年或四年以后货币战略将是什么。

2013 年，日本银行如期开始了前所未有的日元汇率大贬值的战略。更重要的问题是，今天正如本人几年前预测的一样，日本央行开动了日元汇率的大贬值战略。的确，世界并没有惊异的一幕。

现实世界中，每一个国家都在为本国利益而努力奋斗的，包括选择不择手段的努力奋斗。这样，经济历史或许可以告诉我们许多真实的事情。1929 年，美国经济爆发了前所未有的大崩盘，并且引发了全球性的大萧条。当时，1933 年美国退出了"金本位"。美国市场的货币释放速度终于加快。到 1936 年，美国经济开始逐步复苏。1933 年 3 月至 1936 年年底，美国市场的批发物价上升了大约50%；1935 年~1936 年年底，美国股市价格上升了近 100%。美国市场的货币流动性充足。于是，美联储的大部分成员开始普遍担心通货膨胀可能会上升。

1936 年年末，美联储宣布商业银行的储备金增加一倍，于 1937 年年初分阶段实施。这一新政策导致了美国债券市场的大幅度下跌。到 1937 年秋季，美国股票市场大幅度下跌，引发了美国经济的一场高强度的衰退。当时，如果美国政府的财政扩张能够在 1935 年就大规模实施，那么，1936 年年底美联储的政策就不会引发美国经济在 1937 年~1938 年陷入高强度的衰退。

而 2013 年 4 月,美国非农就业增加了 16.5 万人,超过了市场预期的 14 万人;失业率为 7.5%,创 4 年新低,好于预期的 7.6%。同时,2013 年一季度美国的经济增长率为 2.5%。美国经济的逐步复苏,引发了全球性预期美国央行将削减 QE 规模。

同时,另外一个非常严重的问题却摆在美国经济面前。2013 年 3 月 1 日,美国总统奥巴马签署行政命令,正式启动在 2013 财年联邦政府削减 850 亿美元开支计划。说明美国的政治家们开始关注美国债务可能失控上升的问题。所以,美联储如果在美国政府财政不继续扩张和美联储削减 QE 规模,那么,1937 年~1938 年美联储人为制造美国经济高强度衰退的一幕就会再发生。

1937 年~1938 年美联储是付学费才知道这场灾难怎么爆发的。现在,全球经济再爆发一场大萧条,对于超级准备金高达 1.8 万亿美元和企业现金高达 1.6 万亿美元的美国经济体来说,届时只是怎么买进廉价的优质资产的问题。

日本制造业在寻求自然死亡

目前,日本总人口 1.27 亿,预计到 2060 年年均将减少 80 万人,届时日本总人口将是现在的 68%。日本人内心根深蒂固不欢迎外国移民,而大量日本食草男和不愿生育的职业妇女在日本社会中的流行,又进一步推动日本陷入老龄少子化的严重泥潭。

据日本总务省截至 2012 年 4 月 1 日公布的数据显示,日本全国未满 15 岁儿童为 1665 万人,比上年减少了 12 万人,连续 31 年呈现了结构性下降趋势,并从 1988 年开始连续创出自 1950 年有可比数据以来的历史新低。此外,日本儿童在总人口中所占的比例出现了连续 38 年下降,目前仅占总人口的 13% ,是日本儿童人口人数和在总人口中所占比例的历史最低点。

根据联合国《人口统计年鉴》,在拥有 4000 万以上人口的27 个国家中,日本的儿童人口比例最低。和儿童人数屡创新低相比,日本的老龄人口不断在创出新高。目前,日本总人口中 65 岁以上老年人的比例达到 23.3% ,创出了历史新高,日本的老年人口比例超过德国和意大利,继续居世界首位。而随着 1947 年 ~1949 年第一次日本生育高峰期出生的一代人迎来 65 岁,日本的老龄化问题正在加速度扩散。日本最大纸尿裤生产商尤妮佳悲叹,公司向日本老年人出售的纸尿裤数量,已经超过日本婴儿纸尿裤的数量。

同时,少子化、老龄化和长寿化使日本现收现付制公共养老保障体系无法承受之重。日本 65 岁及以上人口占总人口的比例从 1970年的 7% 增至 2008 年的 22.2% ,是全球人口老龄化水平最高的国家。1990 年国民年金参保者和养老金领取者的供养比为 5∶1,2009年下降为 1.8∶1,预计到 2050 年进一步下滑为 1.3∶1。显然,供养比的快速下降,无疑是造成日本养老保障体系财政困境的最根本原因之一。

1989 年,日本银行错误的紧缩货币政策,引发了当时日本股市的崩盘。当时这种灾难,迫使日本政府进行了大规模的财政扩张,来解决日本经济极速度下降的问题。为此,日本出现了产能严重过剩、房地产泡沫进一步放大的局面。

随后,日本的货币政策和财政政策失灵,一直无法形成有效的共同力量,去推动日本经济运行起来。自1989年以来的漫长日子里,日本经济一直保持着年平均0.3%的增长速度,始终没能走出大通货紧缩的结构性阴影。

2008年世界性大萧条爆发了,在这一冲击下,日本经济陷入大幅衰退,衰退的程度要远高于美国经济体和欧洲经济体。2008年和2009年,日本GDP分别陷入负增长;2010年日本GDP恢复至正增长。以前,日本对中国拥有大量贸易盈余,现在则开始大幅度下降,这是结构性的。所以,未来会导致日本经济陷入日元汇率的大幅度贬值的情况。

日本制造业已经在节节败退中。日本独特的地理位置和严重缺乏自然资源的问题,促使"二战"以后,日本政府一直精心推进贸易立国的大战略。为此,日本政府不惜一切代价,调动国内一切金融、税收和人力资源扶持制造业。凭借日本人口红利的规模效应,以及日本民族善于学习和性格刚毅宁折不弯的精神,日本制造业在1989年达到了世界第一的境界。然而,日本民族是一个无法容忍不拘一格的新思维的民族。

"二战"中,日本海军初期已经获得了对美国太平洋地区海军的绝对优势。但是,在至关重要的中途岛战役中,日本海军却遭遇到远弱小于自己的美国海军的毁灭性打击。从此,日本海军一蹶不振,最终走向惨败。究其原因,在联队作战级别的作战过程中,日本指挥官的失误率非常高。而日本团以下作战还是比较成功的。原因是日本整个军队的教育体系出现了问题。在中途岛战役中,日本海军的指挥官南云忠一是一个鱼雷战专家,但必须按照辈分去指挥最高级别的航母编队,最后的结果可想而知。

迄今为止,日本的制造业一直长期忍受着日本核心层愚蠢的全球化战略。最终,我们不难发现,2012 年日本的制造业,开始全面崩溃。

支持日本国债市场的"强势日元"已到头。日本制造业的大衰退,是日本经济进化的必然结局。由于日本政府长期期望,还能够维持着日本制造业的存在,不愿意进行经济的结构性转变。所以,日本政府的债务已经达到了世界第一。2012 年年底,日本政府债务总额升至1000 万亿日元,相当于日本 GDP 的 237%。日本早已经成为发达国家中公共债务负担最重的国家,这一比例甚至高于希腊和意大利的水平,二者债务负担占 GDP 的比重分别为 198% 和 126%。日本国债市场长期非常稳定,因为持有人多是本国金融机构,不用担心像希腊等国那样被外国投资者抛弃。数据显示,日本国内银行及保险公司等持有的国债为 616 万亿日元,相当于控制了 60% 的日本国债。而日本国债的海外投资者的持有比例才只有 5% 的规模。所以,只要日本人齐心协力持有日本国债,日本国债市场的风险就不会发生。

日本国债的十年期债券收益率为 0.8%,基本是属于没有什么收益的投资。德国国债的债券收益率是 1.5%,相当于近 2 倍的日本国债收益率。那是什么力量让日本社会的大量投资者死心塌地持有日本国债呢? 是日本投资者的爱国情绪吗? 肯定不是。因为日本最大的商业银行——三菱东京 UFJ 银行在 2012 年 2 月初首次制定了"危机管理计划",强调"将密切关注经济增长率、经常收支、日元汇率等30 个指标,若发现有暴跌征兆,为减轻损失将抛售日本国债"。三菱东京 UFJ 银行是仅次于日本政府的邮政银行是第二大日本国债持有者,持有额高达 42 万亿日元。这里面,我们应该注意到——经常收支和日元汇率这两个指标。

所以,日本社会的大量投资者能够死心塌地地持有日本国债的唯一理由,就是日本经济拥有大量的贸易盈余和经常账户收支的盈余。这样,日元汇率的长期升值收益才是吸引日本国内大量投资者愿意购买日本国债的主要原因。2002 年,刚被小布什任命为美联储理事的伯南克先生,就毫不客气地批评日本央行过于保守的货币政策。当时,伯南克认为日本央行应该放开胆子,拼命印刷日元来解决日本长期的通货紧缩的问题。而 2002 年,日本政府的国债已经是高达日本 GDP 的 140% 了。如果当时日本央行毅然开动日元的印钞机,那么日元汇率必定大幅度贬值,这样日本的制造业就会依靠日元汇率的贬值,获得大量外部收益,并且进行大规模的资本扩张。但是如果真这样,日元汇率的贬值必然引发日本国内资本外流,引发日本国债收益率的上升。同时,日本国内制造业的大量资本支出,也会导致购买日本国债的资金大量减少,从而进一步推高日本国债的收益率。日本国债收益率的上升,必然导致日本政府破产。经济理论上,日本政府破产,会让日本福利下降,这样,就会进一步强化日本制造业的价格优势。但是,现实世界中日本已经大踏步地走向老龄化社会了。没有人口红利的国家,还要去强化制造业的发展,这不是闹剧吗?所以,日本政府比美联储的伯南克清楚得多。

但是,2013 年~2014 年,日本将有 800 万人年满 65 岁开始领取退休金,这相当于日本人口的 6%。这是由于"二战"导致的日本战后的第一次"婴儿潮"出现,所以,日本的退休人员在同一个时间段大面积的出现。而日本国民储蓄率已从 1998 年的 10.5% 下降到目前的 3% 左右。2013 年开始,对于日本,的确是一场所有结构性问题集中爆发的一年。大量日本退休人员开始进入市场,同时,日本引以为傲的传统电子产业开始全面崩溃。日本储蓄率由正转负的趋势是加速度的,更是不可避免的。日本社会资本与日本政府负债的缺口正在开裂。

这样,全球交易市场的秘密就是一个大"钳形攻势"。而"钳形攻势"是一种重要战术,将己方军队分成两路,于两个方向向敌方进攻,迫使敌方拉长战线,两面作战。"钳形攻势"的优势主要在于分散了敌方兵力和增加敌方资源配置重复错误,这样,任何一方的敌人都会比较容易被消灭。同时,消灭一方敌人的时候,另外一方面的敌人也就自动崩溃了。

今天,对于中国经济,黄金和日元就是这场全球经济战争中巨大的"钳形攻势"。

第3章　　德国危机、中国紧缩就是制造第三次世界大萧条

远在欧洲的德国,如今并没有伙同他国扛着洋枪洋炮组成八国联军,亲临天津大沽港。德国甚至还和中国和解了光伏的反倾销。如今的德国早已今非昔比了,虽然还是欧盟老大,但是经济体量在中国面前就是乞求中国购买欧债的"弱者"了。但是,我们却被意外倒下的德国,砸掉半条命。德国的倒下竟然是我们把它推倒的。德国无意也无力再威胁我们的经济安全了,我们自己却把德国变成动摇中国经济体的魔兽。

前人留下一个"4万亿"的泡沫,是有目共睹的,谁都在痛心疾首地想纠正这个错,希望4万亿史无前例的产能过剩没有发生,可是我们不能回到2008年让一切重来。命悬一线的空城计只能唱到底,吹大泡泡静待世界经济的复苏和日本经济的崩盘。

西班牙负债压倒强大德国经济

目前的全球市场格局中,欧洲银行业在船舶融资市场的地位正逐步削弱。2012 年,随着欧洲多家银行加速退出,全球船舶融资供给不足的压力进一步凸显,融资市场进入 2008 年危机以来最为艰难的一年。

2012 年,欧洲银行业传统主导的船舶银团贷款市场上,前三季度资金发放量约为 311.8 亿美元,同比下降了 37.8%。尽管亚洲地区的船舶融资业务持续扩张,但亚洲地区有限的扩张规模不过数十亿美元,相对于欧洲地区以百亿美元计的收缩规模,显示存在数量级上的差距。

欧洲地区 2012 年最重要的调整体现在银行的船舶融资信贷政策上。2008 年爆发的世界危机后,欧洲银行虽然大幅缩减了增量业务规模,但对于存量业务则基本上采取了静观其变的策略。欧洲的银行业普遍希望随着时间的推移,传统的存量业务可以恢复到以前的水平。但是,随着 2012 年~2013 年上半年新兴市场陷入的结构性衰退开始,欧洲银行业出现了系统性的抛售。

欧洲大型银行持续降低其航运资产规模,甚至直接退出市场。在德国、英国、法国、西班牙等国,诸多商业银行处置了以数百亿美元计的航运资产。其中,德国银行业的问题最为突出。该国银行业航运贷款规模高达千亿美元,占到世界市场总量的五分之一。2012 年度,世界第一大船舶融资银行德国北方银行的航运核心资产规模已经削减至 200 亿美元左右,不足危机前一半的水平;第二大船舶融资银行德国商业银行持有航运资产近 300 亿美元,已于年中宣布彻底退出船舶融资业务。此外,英国 RBS、法国兴业银行、西班牙桑坦德银行等欧洲各国主要银行均出现航运资产规模萎缩或是整体出售的现象。随着欧洲地区参与船舶融资业务银行数量的减少,目前能够成功取得贷款的企业进一步局限于剩余银行内部评定的所谓"核心客户"。但即便是核心客户,融资压力也在增加。甚至连马士基的融资成本也上升到了高风险水平。

欧洲的金融体系以银行为主,这一点与美国以资本市场为主体的金融系统形成鲜明的对比。所以,在 2008 年全球性危机爆发后,美国银行业的"去杠杆"过程已经完成。目前,美国银行业已经快速下降到 13 倍之外,欧洲国家和日本普遍处于 17 ~ 32 倍之间。德国为 32 倍,法国为 26 倍,英国为 24 倍,日本为 23 倍。整体欧元区为 26 倍,这意味着欧洲和日本银行体系实际上非常脆弱,难以承受金融市场动荡的冲击。

进入 2013 年,欧洲银监局的监管趋严和《巴塞尔协议 Ⅲ》的逐步推进,欧洲银行业在资本充足率、杠杆率以及流动性等方面都遇到了前所未有的挑战。在此监管趋势下,银行业短借长贷的经营特点逐步出现系统性的转变。例如,船舶融资业务而言,影响体现在两方面:一方面是监管指标的严格要求使得银行放贷趋于短期化,并引致银行降低以长期信贷为主的船舶融资业务比重;另一方面,是欧洲银行业陷入集体性"去杠杆化"的时间段非常的糟糕,正是处于美联储 QE 规模削减大周期和全球新兴市场陷入增长下降大周期的"联合大周期"的冲击下。

德国银行业怀抱着一个无比巨大的炸药包。这个炸药包的名字叫西班牙。根据西班牙青年委员会的一份报告,目前,西班牙年轻人的年收入需在 27211 欧元,也就是月收入超过 2200 欧元,才能买得起房。然而,这样的收入水平比目前实际收入要高出 74.6%。该研究表明,虽然房价和贷款利率都有所回落,但西班牙年轻人仍需将工资的52.4% 用于支付房贷首付。

现在,与房地产价格一样偏高的是西班牙的失业率。2008 年以来,西班牙失业率始终保持上升。每一次新统计数据发布,都带来同样可怕的消息,2013 年第一季度西班牙的失业率创下 27.1% 的恐怖数字。

另外,西班牙企业倒闭速度也在创历史纪录,2013 年第一季度,申请破产企业达 2564 家,比 2012 年多出 45%。这无疑给西班牙经济雪上加霜。

这些数据也能暴露出,自从危机之后,西班牙人的生活是如何被改变的。

西班牙止赎房屋数量也在快速上升。仅在 2012 年一年内,止赎房屋数量为 91622 处,比 2011 年上涨 17.7%。

西班牙政府的债务规模大致相当于国内生产总值的 76%,应该还算合理。不过,私营部门的债务就很成问题了——标准普尔方面提供的数据显示,已经相当于西班牙国内生产总值的近两倍。在鼎盛时期,建筑业贡献了西班牙 19% 的经济。美国最高的水平是大约 6%,中国是 12%。

1995 年～2007 年期间,西班牙购房贷款额翻了 9 倍,房地产开发业务贷款翻了 6.7 倍,不动产业务贷款翻了 25 倍。贷款的便利减轻了购房投入的压力,购房需求猛增,刺激了房价一路走高,西班牙全国上下掀起了一场建房购房热潮。1997 年～2007 年西班牙产生了巨大的房地产泡沫,持续时间是 20 世纪 80 年代中期那次泡沫的两倍之多。长达十年的房地产泡沫造成的后果也比上一次更为严重。

如今,过热的房价已经开始降温,因为资金不足,随处可见建了一半的小区和空荡荡的住宅楼,很多人已经因为利率上调还不起高额的房贷被迫将房子出售。没人知道目前在西班牙有多少套亟待出售的空房。

西班牙,曾创全球经济发展奇迹。而这个发展奇迹的燃料是西班牙人有强烈的买房偏好,不喜欢租房子。

同时,西班牙人民党政府在 1998 年颁布《土地自由法》,对西班牙房地产发展推波助澜,大大刺激了房地产泡沫的膨胀。2007 年,社会工人党政府颁布了新土地法,出台了一系列保障性住房及租房政策。最终,西班牙在建设了太多的房子后,政府才发现他们必须开始严格紧缩财政,否则就会被市场债券交易商赶出市场。严格紧缩财政和极高的资金成本,让更多的西班牙人失业,这又让更多的房子空闲着。

今天,沿着西班牙高速公路驾车,很多地方都可以看到吊车,看到建筑工地,看到完成一半的建筑,但是却看不到有人在那里工作。

西班牙经济的问题是,在债务规模和房地产规模上升中,有一天,债务规模增长从推动房地产规模上升,转变成债务利息规模和通货膨胀同步上升,这时,就会出现经济大衰退从而引发大规模失业。债务过剩和房地产过剩就是西班牙经济的唯一头号问题。

2011 年年末,西班牙银行房地产贷款总计约 3380 亿欧元中,储蓄银行便占 54% 以上。房地产泡沫破裂导致西班牙银行房贷业务风险大量暴露,在 2012 年年底,累计已有大约 1850 亿欧元的问题资产,其最终损失率估计约占一半。

2013 年初,经合组织(OECD)发表的《强化欧洲银行业》报告简要指出,欧元区银行资本充足率普遍不足 5%,而要达到 5%,欧元区银行业的缺口达 4000 亿欧元,占欧元区 GDP 的 4.25%。而要达到 8%,资本金缺口将更大。

按照 2010 年 G20 达成的协议,巴塞尔协议成员国应从 2013 年 1 月起实施"巴Ⅲ",对一级核心资本充足率的要求也已从《巴塞尔协议Ⅱ》的 4% 提高到 6%,同时对一些全球重要性系统银行增加了 2.5% 的防护缓冲资本要求。这使欧洲银行业的处境愈加雪上加霜。

问题是,资本金缺口最大的并非那些边缘国家,而是法、德等核心经济体。据经合组织估算,法国银行业缺口占到 GDP 的 7% 以上,占比仅次于希腊;德国银行业的缺口也占其 GDP 的 5% 以上。

为什么长期拥有大量贸易盈余的德国经济体,德国银行业的资本金却是如此的脆弱呢?问题在于,德国对边缘国家的融资之中,大多数是西班牙的负债,金额已高达创纪录的 4150 亿欧元,融资意大利债务的 2800 亿欧元也创下最高纪录,希腊则是 1050 亿欧元。

《巴塞尔协议 III》减速全球经济

那么,我们就不难发现美国雷曼兄弟破产还引发的一条世界性游戏规则的出台。2010 年 11 月,二十国集团在韩国首尔峰会上,批准了全球银行业资本的新规定——《巴塞尔协议Ⅲ》。这是全球流动性标准的重新制定,正是为了防止 2008 年美国雷曼兄弟破产引发全球金融危机的再次出现。

《巴塞尔协议Ⅲ》的主要内容①

(一)提高资本充足率要求。《巴塞尔协议Ⅲ》对于核心一级资本充足率、一级资本充足率的最低要求有所提高,引入了资本留存资本,提升银行吸收经济衰退时期损失的能力,建立与信贷过快增长挂钩的反周期超额资本区间,对大型银行提出附加资本要求,降低"大而不能倒"带来的道德风险。

(二)严格资本扣除限制。对于少数股权、商誉、递延税资产、对金融机构普通股的非并表投资、债务工具和其他投资性资产的未实现收益、拨备额与预期亏损之差、固定收益养老基金资产和负债等计入资本的要求有所改变。

(三)扩大风险资产覆盖范围。提高"再资产证券化风险暴露"的资本要求、增加压力状态下的风险价值、提高交易业务的资本要求、提高场外衍生品交易和证券融资业务(SFTs)的交易对手信用风险 (CCR)的资本要求等。

(四)引入杠杆率。为弥补资本充足率要求下无法反映表内外总资产的扩张情况的不足,减少对资产通过加权系数转换后计

---

① 资料来源:http://www. mbalib. com/contactus

算资本要求所带来的漏洞,推出了杠杆率,并逐步将其纳入第一支柱。

(五)加强流动性管理,降低银行体系的流动性风险,引入了流动性监管指标,包括流动性覆盖率和净稳定资产比率。同时,巴塞尔委员会提出了其他辅助监测工具,包括合同期限错配、融资集中度、可用的无变现障碍资产和与市场有关的监测工具等。

《巴塞尔协议 III》还规定,截至2015年1月,全球各商业银行的一级资本充足率下限将从现行的4%上调至6%,由普通股构成的"核心"一级资本占银行风险资产的下限将从现行的2%提高至4.5%。另外,各家银行应设立"资本防护缓冲资金",总额不得低于银行风险资产的2.5%,该规定将在2016年1月至2019年1月之间分阶段执行。

如果不了解全球银行业的游戏规则,《巴塞尔协议 III》给你的感觉只是提高了全球银行业的资金要求和全球银行业的抵抗风险能力。所以,只有你了解游戏规则,才能真正知道美国国债收益率未来还将怎样的猛烈上升。

我们先了解一下全球银行业的存款结构。截至2011年6月末,全球十家国际大型银行的存款余额——中国工商银行是20274亿美元、汇丰银行是13190亿美元、摩根大通银行是10487亿美元、美国银行是10384亿美元、瑞士银行是10024亿美元、巴黎银行是9726亿美元、桑坦德银行是9569亿美元、花旗银行是8663亿美元、富国银行是8536亿美元、巴克莱银行是7366亿美元。从中不难发现一个显著特征,中国工商银行与西方大银行之间的存款余额是一种倍数的关系。

长期以来,存款增量小与增速缓慢是西方银行的主要特征。

根据对十家欧美大型银行的数据分析,2006 年～2010 年的五年中,大部分西方银行的存款年均递增在 10% 以下,甚至还有负增长的现象。而对比之下,从 2006 年～2010 年中国银行业,存款余额从 30 万亿元增加到 73.3 万亿元,年均增长 28.8%,年递增 19.6%,每年都呈现两位数的增幅。

欧美国家普遍是财富太多而银行存款不多。欧美银行业和中国银行业的结构不同,而美国银行业和欧洲银行业的结构也不同。美国政府习惯人为压制美国银行业,故此,美国银行业的资产规模只相当于美国 GDP 的 100% 不到,在 13 万亿美元左右。美国债券市场的规模则达到 37 万亿美元的水平,美国的发债规模占到了全球三成以上。美国技术目前远远领先于欧洲和日本的有三个行业:美国银行业、美国信息业、美国军工业。

这些行业的领先水平要达到 15 年或 20 年,甚至更多。

美国银行业主要是依靠金融业务来获取利润,诸如,债券发行、信用卡和衍生品等。有些美国银行的债券发行收入,要占到总收入的 40% 以上。2010 年,美国大型银行对美国公司类的贷款只占到总规模的 17%,而中国银行业对中国个人信贷业务只占到总规模的 15%。同样,欧洲银行业和中国银行业一样需要承担本国经济 80% 的资金供给的责任。

这时,我们就可以注意到全球银行业将重新面对的一个小问题——存贷比。在《巴塞尔协议 III》之前,存贷比只是一个中国概念,西方国家并无此项监管限制,存款准备金亦不高。银行贷款只需资金的平衡,无需存款的配比,贷款规模不受制于存款,而只受制于资本充足率等风险内控制度。因此,欧美商业银行的存贷比习惯性处于非常高的水平。在 2008 年金融危机前,美国银行业的存贷比水平是 120%,也就是说,有 100 美元存款,美国银行业就可以放贷 120 美元。目前,美国银行业的存贷比降低到 80% 的水平。而欧洲银行业,由于受到过于参与经济体的主要融资功能影响,目前的存贷比还是高达 120% 的水平。中国银行业目前的存贷比的法定规定在 75% 的水平。

随着欧洲地区债券收益率普遍失控上涨。终于在 2011 年 10 月 4 日,比利时、法国、卢森堡三国政府联合宣布了对德克夏银行(Dexia)的分拆方案。这家大型跨国金融集团在遭受 2008 年袭来的金融危机重挫之后,成为欧洲债务危机中倒下的第一家欧洲银行。德克夏银行从 1997 年~2007 年的十年间,总资产从 1860 亿欧元飞快上升到 6046 亿欧元,累计增长 2.25 倍,年均增速达 12.5%,保持着西方银行业罕见的扩张勇气,也曾在 2010 年"财富 500 强"中排名第 49 位。德克夏银行死亡的问题非常简单:从 2005 年~2010 年,德克夏银行的存贷比分别达到 197%、195%、191%、322%、293%、283%。

由于,欧洲银行业长期贷款给欧洲的传统企业和家族企业,而被贷款的传统企业和家族企业,再反过来用资金去支持给他们贷款的银行。所以,欧洲银行业根本无法紧缩自己的存贷比。同时,欧洲同业拆借的紧缩,和美国货币基金加速从欧洲的大规模全身而退,直接导致了德克夏银行只能选择破产。

从欧洲德克夏银行身上,我们清楚地看到《巴塞尔协议 III》在全球银行业的流动性、交易对手风险和贸易金融的新规定方面,将会引发全球市场的巨大的结构性变化。

首先,一个是流动性覆盖比率,另一个是净稳定资金比率。流动性覆盖比率是优质流动性资产储备与未来 30 日的资金净流出量之比;净稳定资金比率是可用的稳定资金与业务所需的稳定资金之比。

《巴塞尔协议 III》的流动性覆盖比率和净稳定资金比率,意味着要求全球银行业必须保持相当大的高流动性资产,高流动性资产就是能够即刻出手而没有折价可能的资产。那么,全球银行业的高流动性资产只能被锁定在现金、储蓄账户和国债的范围内。这样,就出现大部分人不知道的一个技术问题,中国国债、新兴市场国家的国债将全部被排除在高流动性资产范围外。因为这些国债是没有信用违约互换(CDS)市场来对冲的。所以,根据《巴塞尔协议 III》规定,欧美银行业今后必须强制大量购买美国国债和欧洲国债。这样,未来全世界只有两种国债是符合《巴塞尔协议 III》规定的高流动性资产,它们是——美国国债和德国国债。

其次,全球资本存量和流动性准备金每增长 20% ,全球的 GDP 就会下降 2% ,而新兴市场的 GDP 将下降 3% 。而今天的欧洲银行业为了维持目前 120 的存贷比,2013 年 ~ 2014 年要么是需要增加融资至少 1.5 万亿欧元,要么是拼命在全球市场上抛售 5 万亿欧元的资产。

这时候,许多人会提问美国 2012 年 11 月不是已经无限期推迟了《巴塞尔协议 III》的执行吗? 这就是流氓制定世界游戏规则的问题。目前,美国所有的大型银行加起来还需要 500 亿美元的资本,就可以满足《巴塞尔协议 III》的标准了。500 亿美元对于美国所有大型银行来说,是微乎其微的资本补充规模。而《巴塞尔协议 III》实际已经成为全球银行业的法定标准。所以,中国银行业却必须参照原定的时间表来完成《巴塞尔协议 III》。因为如果美国今后某一天突然宣布开始实施《巴塞尔协议 III》,那么,全球其他银行业都必须立刻跟进完成实施。这就像 1988 年美国和英国事先依照本国银行业的资本金标准制定了《巴塞尔协议 II》,日本银行业为了应对《巴塞尔协议 II》只能迅速从扩张性模式转变成高度的紧缩性模式,从而导致日本的制造业和房地产资金链断裂。

现在,美国银行业可以立刻完成《巴塞尔协议 III》的标准,而美国的监管部门则无限期推迟《巴塞尔协议 III》的实施。于是,知道真正"底牌"的美国银行业可以充分放心地向美国市场释放流动性资金,而不知道真正"底牌"的中国银行业只能是被迫按照原定时间执行《巴塞尔协议 III》。

所以,美国的监管部门只是向世界宣布了无限期地推迟《巴塞尔协议 III》,并没有宣布推迟的明确时间表。也就是说,如果美国的监管部门将推迟的时间明确在某个具体的时间段,比如,是 2018 年或者 2025 年美国银行业将开始全面实施。那么,中国银行业也就可以充分以这个时间标准来调整自己的信贷紧缩的速度。但是,美国监管部门却用无限期推迟的这种不确定性,最终迫使中国银行业陷入完全的不平等竞争中。2012 年 11 月底,中国银监会明确表示,中国金融监管当局会坚定不移地在 2013 年 1 月 1 日推行新的国际资本监管标准《巴塞尔协议 III》,不会受美国、欧洲推迟实施的影响。

而对于 2012 年 11 月的重要影响,则在一个重要的战场上——黄金。2010 年 11 月,全球各国批准的《巴塞尔协议 III》于 2013 年 1 月开始逐步实施,其目的在于提高银行自有资本率以避免发生新的危机。《巴塞尔协议 III》规定,该条款实施后,黄金将从三等资产上升到一等资产,从而成为全球银行业的核心资本。目前,大家都知道中国大量平民百姓在 1800 美元以上的价格疯狂购买了大量黄金。而美国和欧洲推迟实施《巴塞尔协议 III》则充分说明,美国的"对冲基金"们已经成功在黄金市场上完成了超级空头头寸的布局。

如果《巴塞尔协议 III》在 2013 年 1 月正式实施,那么全球银行业就会逐步地在市场上购买黄金,因为,黄金可以成为《巴塞尔协议 III》中的一等资产。目前,全球黄金市场每年可以交易的黄金数量大致在 2000 亿~3000 亿美元的规模,假设全球银行业开始购买黄金,那么,黄金市场就必然进入一个中期的大上升周期。现在的问题是,事先按照《巴塞尔协议 III》投资黄金的交易者,在 2012 年 11 月开始陷入了被屠杀的命运。

结果,美联储却于 2013 年 7 月 2 日批准一项加强银行业监管新规,将美国银行业的核心一级资本充足率要求提升到至少 7%。这一规则与国际社会在 2010 年通过的《巴塞尔协议 III》中的监管要求一致。美联储负责金融监管事务的理事丹尼尔·塔鲁洛称,美联储批准该规定是国际金融危机之后美国加强金融监管、使金融业更为稳健的一个里程碑事件。

也就是说,所有的发达国家的银行业在未来实施《巴塞尔协议 III》的时候,都不会再考虑黄金作为一等资产来储备了。全球市场上的金融家们,谁愿意储备一个有层层套牢盘的资产品种呢?

《巴塞尔协议 III》的游戏规则最终只是有利于美国国债和德国国债。

第 4 章　页岩气+四大发明+碳关税 = 强秦

任何生命的存活都需要能量,对于植物、动物,尤其是人类,优质的能量和食物可以信手拈来,无成本自由取用的时候,族群的发展壮大是必然的。对于人类的经济发展来说,以煤炭为能量来源的蒸汽机的发明就可以托起一个日不落。美国获得更加高效低成本的石油后,日不落的地位就让位给了美国。美国这一次率先以低成本开发了页岩气。页岩气的能量值,足以让美国又一次的飞跃,解决了能源问题,就像人类解决了吃饭问题,剩下的生命就是自由发挥创造价值的问题了。中国这时却要为美国的碳关税、中国的雾霾埋单,而不得不进行极高成本的脱硫、脱硝甚至脱汞,导致亏损连连濒临破产。当中国还在解决低端产能过剩的问题之时,美国却在页岩气的护卫下,大肆发展着"四大发明"——3D 打印、大数据、无人驾驶、机器人等科技产业。

2008 金融危机以来美国空前重视能源问题

事实证明,哪个国家能够驾驭能源,就能够驾驭世界经济,从而称霸世界。

第一次工业革命和第二次工业革命都说明,有能源的充足供给,就会激发出当地的制造业的大革命。所以,美国社会随着页岩气的大量开采出来,美国的制造业革命必然重新爆发,因此美国核心层必然推进美国的"再工业化"道路。

美国电力公司(AEP)是美国最大的公共事业公司,美国45%的电能都是由燃煤发电厂提供的。

美国电力公司(AEP)2013年2月25日宣布,决定关闭旗下三座燃煤发电厂,以响应政府和环保部门的减排号召。这是美国逐渐退出火电行业的又一个典型事件。

这三座燃煤发电厂分别位于印第安纳州、俄亥俄州以及肯塔基州。AEP承诺将在2015年前完全关闭这三座燃煤发电厂,同时还将在印第安纳州和密歇根州投资风能和太阳能发电项目。

此外,AEP计划投资50亿美元为美国东部地区运行的燃煤火电厂安装污染控制设备。设备安装完成后将有效降低二氧化碳排放量。预计在未来12年内,这些燃煤火电厂的二氧化碳排放量将从82.8万吨降至17.4万吨。

目前,煤炭发电占美国全国电力供应总量的32%,这些燃煤火电厂也成了美国最大的二氧化碳和其他有害气体排放源头。这不仅会造成空气污染,引发周围居民的心脏和呼吸系统疾病,还是全球变暖的最大元凶。

AEP 的关停举动受到了美国环保部门的欢迎。他们称,关闭火电厂将令该地区环境得到显著改善。不过也有人指出,能源公司应妥善安置因燃煤电厂关闭后受到影响的产业工人。

而 2030 年,全美 20% 的电力将来自风能。美国是世界上进行风电开发较早的国家之一。20 世纪 70 年代石油输出国组织成员国家减少石油产量,实行石油禁运,导致原油价格迅速上涨,造成世界范围内的能源危机。美国政府采取了鼓励包括风电技术在内的可再生能源技术的研发这一积极的政策措施。以加州为例,风电行业当时可以享有联邦政府和州政府的投资税收减免政策。在这种优惠政策的鼓励下,加州风电行业迅速发展。到 1986 年,加州的装机容量已达到 1200 兆瓦,占当时全球风电总装机容量的 90%,也使得美国在世界风电产业中处于绝对领先地位。

进入 20 世纪 80 年代中期,随着原油和天然气价格的回落,美国风能发展开始降温,并在 90 年代一度出现停滞现象。但与此同时,全球的风电行业仍在持续增长,德国取代美国成为世界风电行业的主导者,世界风能开发中心也由美国转向欧洲。到 90 年代末,风机技术和发电能力在欧美发达国家得到长足的进步,风电成本也大大下降。进入 21 世纪,随着气候变化问题受到人们越来越多的认同和关注,可再生能源在美国重新受到关注,风能再次成为发展的热点,并呈现空前的繁荣局面。

2008 年后的五年内,美国新增装机总量连续处于世界领先地位,并不断刷新以往的纪录。去年美国风电新增装机容量达到 8500 兆瓦,占全国所有新增发电容量的 42%,而在 2004 年这一比例还不到 2%。

进入 90 年代中后期,随着风电机技术的发展和风力发电规模的不断提高,风力发电成本迅速下降。

可再生能源配额制(RPS)政策的实施机制,建立了一个可再生能源信誉证的交易市场。交易的"商品"是符合条件的可再生能源产生的电力,通常包括风电、地热发电、生物质发电以及太阳能发电等。REC 交易机制鼓励可再生能源开发者之间的竞争,从而实现优先开发最经济优质的可再生资源。在 RPS 政策下,电力零售者和电力供应者可以通过自己生产可再生电力,或者在交易市场上购买 REC 来满足电力供应中 RPS 对可再生电力额度的要求。RPS 的额度要求通常会逐年增加,并以年为单位对电力供应是否满足 RPS 要求进行审核。不能满足 RPS 要求的电力供应商将会受到不同形式的惩罚。风电生产者可以通过销售信誉证(REC)的方式从交易中获得收益。

由于 RPS 制度并不规定政府资金必须用在特定的可再生能源专项技术上,而是通过市场化的方式保证可再生能源电力的最小份额。因此,对于可再生能源的界定成为 RPS 制度实施的一个关键环节。美国各州府在这一环节的运作上存在着很大的差别。在大多数州中,风能、太阳能、地热能以及填埋气都被归为可再生能源的范畴,但在生物质能以及水能发电的归属上存在差异。也有些州对可再生能源的界定比较宽泛,甚至将提高能源效率和燃气发电也纳入 RPS 指标。美国就像是一个 RPS 制度的实验室,不同类型的运作方式在各州尝试推行。

基于美国州府 RPS 制度存在的这些问题,美国总统奥巴马在去年总统竞选中就提出了全国范围两步走的指标:第一步是在 2012 年实现可再生能源电力的份额达到 10%;第二步是在 2025 年实现 25%(又称"双 25 方案")。美国能源信息署早在 2007 年的一份报告中就系统分析了 25% 这一指标将给美国带来的能源、经济和社会影响。该报告比较分析了双 25 方案和美国能源信息署 2007 能源展望中提出的参照情景,指出为了实现双 25 指标,需要大力发展目前在能源市场上份额较小的可再生能源技术。从 2005 年~2025 年每年需要新增非水力可再生能源发电能力的 70%,整个期间可再生能源的发电量将增加 13 倍。到 2030 年火电和核电的比例会有显著的下降,煤电下降 28%,天然气发电下降 11%,而核电将会下降 9%。相反风电将会增加 8.24 倍,而生物质发电也将增加 4.24 倍。

奥巴马政府对气候变化和可替代能源空前重视。2008 年中国却在大搞"4 万亿",在低效高耗的产能过剩的基础上继续猛增高污染企业。五年过去了,中国在为高碳的产能过剩付出沉重代价的时候,是继续新增新版"4 万亿"刺激计划,还是直接让这些高耗低产企业立刻淘汰,而这种淘汰将无疑伴随着高失业和 2008 版"4 万亿"的打水漂。与此相反美国正在淘汰燃煤电厂,美国 60% 的燃煤电厂运行年限超过 40 年,2012 年退役的燃煤电厂平均运行年限为 53 年。如果一座电厂即将退役,那么安装脱硫等尾气治理装置的成本不光昂贵,也是一种浪费。所以美国理所当然就直接淘汰了。

依据奥巴马提出的清洁能源发展设想,美国 2020 年和 2050 年的碳排放水平应分别比 2005 年降低 14% 和 83%，全球总量控制和排放贸易若能如期在 2012 年开始，当年可以为美国政府增加 790 亿美元的盈余，2012 年~2019 年累计可带来共计 6450 亿美元的收入；预计盈余将拨出 1500 亿美元投入清洁能源的研发，剩下的将用于低收入户的减税福利。

根据美国能源信息署 2007 年能源报告，从 2005 年~2030 年美国电力需求将增长 39%，达到 5.8 万亿千瓦时。在 20% 风电情景下，到 2030 年风电将取代美国 50% 的天然气发电量和 18% 的煤电量；可以节约 15 万亿吨水，相当于美国电力行业用水需求的 17%。由于风电生产过程中没有燃料成本而维护成本相对稳定，20% 的风电情景还将显著提高美国能源的稳定性和安全性。实现 20% 的风电需要的物理土地占用量仅仅是美国土地面积的 2% 到 5%。

解决了能源问题的美国，生产成本几乎为零，美国四大科技革命的崛起（页岩气、智能手机、3D 打印机、大数据）才有了资本。

没有远虑的中国制造业被二氧化碳毒死在国门

再看看我国火力发电情况。截止到 2007 年年底，我国的发电总装机容量已经超过 7 亿千瓦，其中火电超过了 5.5 亿千瓦，火电占整个发电总装机容量的 77.7%，而且，火电运行发电量的比重更大，占到 82.86%。我国二氧化碳排放总量大，增长快，即将超越美国成为温室气体排放第一大国。中国火电厂的节能减排怎么可以和美国抗衡？

虽然国家一直在努力对发电结构进行调整，但煤电还是占很大比重,根据我国的电力战略规划,2030 年前电力的发展仍将以火力发电为主。据估计,2020 年我国装机容量将达 14 亿千瓦,其中火电约 9.5 亿千瓦。因此,火电厂的节能减排任重而道远。

人无远虑必有近忧,虽然碳关税的全球性推进可能会在2014 年 ~ 2015 年,但是,趋势影响却从现在开始了。

欧美发达国家或将任意制定标准,针对中国提高碳关税率,这将严重损害我国产品在欧美市场上的竞争力。另一方面,碳风险将是未来企业面临的最大风险之一,会导致中国的投资大量减少。目前,跨国公司已经开始对碳风险的问题采取行动了,通过各种方式降低自己的碳排放。沃尔玛公司已经要求 10 万家供应商必须完成商品碳足迹验证,并贴上碳标签,这将影响全球超过 500 万家工厂,其中大部分在中国。这意味着,中国大量相关企业必须进行碳足迹验证,承担减排责任,否则跨国公司的订单将与你无缘。可见"低碳"标准一旦实行,不仅增加我国企业生产成本,削弱产品竞争能力,一批高污染、高能耗的企业还将被淘汰。

美国在技术上和能源上突破了制造二氧化碳的最大元凶煤炭的束缚,改用页岩气,这无疑是全人类全动物界全植物界的重大福音。美国要求碳关税,是对全球生态的救赎。但是这一切带给现在中国制造业的将是被淘汰的命运。中国过去 30 年的改革开放中经历了体制改革和房地产经济的二次结构性洗礼,变成了低端高耗产能过剩的经济结构,根本无法抵御美国等发达国家正常科技进步的冲击。

全球环境保护和碳关税只要处于全球性政府的大讨论中,市场的资本家们就不会投资中国了。因为谁都会防范这种可能发生的系统性风险。这样,全球性产业资本自然都会开始配置美国市场的重要战略,这是一种风险对冲的行为。

碳关税是 2020 年开始实施的问题,但是 2015 年~2016 年美国就会全面推进全球性环境保护。如果 2014 年中国爆发大规模失业,正常情况下,中国再推一场 4 万亿的财政赤字,就可以再解决 2014 年中国的大失业问题。虽然,这是把问题推移给下一代的做法。但是,至少 2014 年~2015 年中国就不会爆发社会灾难了。

不过,如果美国在 2014 年~2015 年推进全球性环境保护,我们也无法去反对。但是,全球性资本就会加速度回流到美国经济体中,毕竟资本是逐利的。美国可以利用页岩气的优势和碳关税的手段,加速度地达到制造业回归美国的战略目标。

全球气候变暖是全人类共同面临的巨大挑战,保护气候安全是国际社会的共同目标。为此,国际社会需要密切合作,及早减少温室气体排放。

对于中国来说,我们可以怒斥碳关税就是一种贸易保护主义的新手段。但是对解决了能源问题的美国来说,制造业回归自给成为了现实。耗电最严重的电解铝产业在美国也将不再是高成本的贵族产品。服装业等民用轻工业的生产在能源方面几乎是零成本,不但解决了美国的就业问题,在出口方面更是具备了绝对优势。中国制造不过是美国去高污染火电工业化的转型的垫脚石。

众所周知,竞争力、碳泄漏和政治经济考虑的首先是碳关税,发达国家提出碳关税的主要目的有:

一是提高本国竞争力,维护经济霸权,削弱中国、印度、巴西等发展中大国的制造业出口竞争力。提出严格的碳排放标准,对拥有世界先进减排技术的美国、日本、欧洲等发达国家地区具有明显优势,有利于其在节能环保领域和新能源领域抢占新兴市场和新兴技术的制高点,遏制新兴国家的崛起。

二是通过征收碳关税,维护其国家经济利益。征收碳关税不仅可以获得高额财政收入,减少贸易赤字,同时,美国通过对碳排放较高产品征收关税,将使该类产品进口量减少,导致该类产品国际市场价格降低,美国将能以更低价格进口,获得更大贸易利益。

美、日、欧等发达国家地区通过向发展中国家进行产业转移,转嫁环境污染较高产业应承担的减排成本,同时通过提高减排标准迫使发展中国家向其购买先进减排技术,使发展中国家承担了减排成本和费用。美国向中国出口的几乎都是低碳产品,但中国向美国出口的产品碳含量很高。

在中国有力的执政能力下,中国政治经济形势是可控的。但是对于外界猛烈的冲击,却没有招架之力。美国能够实现能源自给,而且是低价无碳的,让中国制造在出口上失去了谈判的筹码。这种来自外界的合力多到一定程度的时候,内部再大的消化力也将走到尽头。

目前针对 2013 年后全球减排目标和减排机制正在进行的国际谈判,将决定后京都时代的全球主导权。美国征收碳关税的时机成熟了,美国可以任意制造碳关税的游戏规则了。中国这个碳排放第一大国,必然是美国打击的对象。

碳关税对我国出口产品的影响可谓泰山压顶,一份由世界银行和美国彼德森研究所专家撰写的研究报告显示,一旦实行碳关税,中国制造业出口额较之目前规模将削减 1/5,所有中低收入国家出口额将削减 8%。在高耗能和资本密集型产业中,则分为两种情况:以钢铁、塑料制品为代表的大宗出口商品,碳价值率中等,同时又是我国优势出口产业,碳关税的冲击将较为严重。特别是这类高耗能产业与国际先进水平的能耗差距较大,发达国家很有可能在这些产业上实现"实体经济"的回归,加剧国际竞争和贸易摩擦。据世界银行研究报告称,如果"碳关税"全面实施,在国际市场上,中国制造可能将面临平均 26% 的关税,出口量因此可能下滑 21%。

美国开启人类石油时代位居老大至今

1895 年 8 月,埃德温·劳伦庭·德雷克上校在美国宾夕法尼亚州泰特斯维尔采用先进钻探手段找到石油,拉开了人类能源消费步入石油时代的序幕。此后近百年内美国始终是主要石油供应国。

1914 年美国石油产量达到 2.66 亿桶,占世界石油产量的 65%。1917 年美国石油产量增至 3.35 亿桶,占世界石油产量的 67%,其中 1/4 出口,主要供应欧洲国家。第一次世界大战期间,美国提供协约国石油总需求的 80%。

1945 年,全球石油产量为 36582.9 万吨,其中美国石油产量占 63.3%,直到 1947 年,美国石油出口仍大于进口。20 世纪 50 年代,美国石油产量仍占世界石油产量的 55%,1970 年美国石油产量达 5.3 亿吨,随后开始下降。

第二次世界大战结束后,世界经济快速恢复和发展,对石油需求急剧增加。1950 年美国的汽油销售量比 1945 年增加了 42%。截至 1950 年,石油在美国能源消费中所占比重已经超过煤炭。

1965 年,在欧洲能源消费中,煤炭占比从 1950 年的 85% 降至 47%,石油占比从 15% 升至 51%,在欧洲能源史上石油第一次超过煤炭。1967 年石油成为世界主要能源。

1961 年,中东石油产量已占世界石油产量的 25.1%,出口石油占世界石油出口的 51.6%。世界石油开采重心开始转移到中东地区。

1970 年以后,美国石油产量占世界石油产量的比例总体上呈下降趋势,国内石油越来越供不应求,到 1980 年,美国石油产量占世界石油产量的比重下降至 15%。2005 年美国净进口石油 6.13 亿吨,对外石油依存度达 60.3%,美国成为世界进口石油最多的国家。1977 年,美国净进口石油的 70% 来自石油输出国组织(欧佩克),其中主要来自中东产油国。直到 2001 年,美国平均每天从中东地区进口石油 266.4 万桶,占美国进口石油的 28.6%。

很长时期,中东地区的石油物美价廉,世界上没有能够超过中东的。"二战"期间,沙特阿拉伯每桶石油的生产成本约 19 美分(不包括矿区使用费 21 美分);巴林每桶石油的生产成本约 10 美分(不包括矿区使用费 15 美分),直到 1955 年未变。1952 年,科威特每桶石油开采成本为 10 美分;伊拉克每桶石油开采成本为 24 美分。整个 20 世纪 50 年代,中东石油开采成本不及美国开采成本的 1/10。1953 年中期,AP134 度的阿拉伯轻原油每桶标价 1.93 美元,AP131 度的科威特原油每桶标价 1.72 美元。新泽西美孚第二次降价后,1966 年 8 月这两种原油标价分别跌至 1.8 美元和 1.59 美元。1953 年中期到 1960 年 8

月,联合国公布的世界制成品出口价格指数上升9%,石油美元主要用于购买制成品。发达国家出口制成品价格上涨,而石油价格下跌,大大损害了产油国的利益。直到20世纪70年代初,中东每桶石油价格仍在三美元左右。廉价"黑金"源源不断地流入美欧日等发达国家和地区,成为"二战"后发达国家经济经历20多年较快发展的强大引擎和源泉。美国等西方国家的石油巨头又在世界石油市场上高价出售中东石油,从中牟取暴利。"从某种意义上讲,美国的物质文明是建立在中东廉价石油的基础之上的。"①

众所周知,人类的第一次工业革命的发源地是英国,很重要的原因是当时的英国有非常充足的煤炭供给。而第二次工业革命的发源地是美国,很重要的原因也是当时的美国有非常充足的石油供给。

不可否认,美国政府是全球智商最高的商人。他们总是能根据美国经济的构成以最低成本来运行,根据国际和自身的能源形势和手中的货币权,恰到好处地取他国之长,来补自己之短,在关键时刻也总会有国家配合,例如中国。

自1970年起,美国政府开始推进美国的"去工业化"战略。美国政府非常明白,美国国内传统工业依赖的石油将陷入长期性的结构性供给瓶颈。

1970年~1990年,美国"去工业化"战略的成功,主要是因为当时日本和德国的制造业迫切需要依靠美国市场的需求来完成自己经济战后的大复苏。同时,美国也迫切需要通过获取日本和德国低成本的

---

① 引自《石油战争:石油政治决定世界新秩序》,[美]威廉·恩道尔著。

产品,打赢对苏联那场世界级的"冷战"。

1990 年~2001 年,美国经济依靠"冷战"中发明的高科技产品,推动了人类的信息革命。

到 2001 年,中国加入世界贸易组织。并且,这之前的 1994 年,时任副总理的朱镕基先生让人民币汇率大幅度的贬值了。

所以,从世界资本的视角来看,当时中国未来的制造业革命,具备非常完美的财富世界的特征。廉价的货币、大量廉价的工人、大量廉价的土地、极低的税收环境、"零成本"的环境污染的风险。

故此,从 2001 年起,美联储发动了一场超级美元大贬值的战略,美元指数从 2001 年的 120,大幅度地暴跌到 2011 年的 73。包括,2008 年美国爆发的次级债危机,更加进一步推进了中国制造业的大繁荣。

首先,中国制造业的这场世纪大繁荣,有着非常重要的内因和外因的一致性需求重合因素。

2006 年,美国的贸易赤字达到 7636 亿美元,占美国 GDP 高达 5.8%。同期,中国对美国贸易盈余高达 1442 亿美元,官方外汇储备突破 8000 亿美元。显而易见,如果没有中国大量向美国出口廉价商品和廉价资本,美国社会的通货膨胀率就会大幅度的上升,包括全球资本市场的资金成本的大幅度上升。

2008 年,中国贸易盈余高达 2981 亿美元,官方外汇储备达到 1.95 亿美元。这两个数字,背后却包含了惊人的财富秘密。

因为,人类经济历史中,所有爆发经济危机的国家,都不可能立刻推行超级宽松的货币供给和超级扩张的政府财政赤字政策。如果敢于尝试,那么这个国家立刻就会爆发超级蔓延的通货膨胀。于是,社会发生灾难性混乱,甚至击垮政府。

在 2008 年美国经济爆发有史以来最严重债务危机的时刻,美联储和美国政府却立刻推行超级宽松的货币供给和超级扩张的政府财政赤字政策。美国社会至今没有通货膨胀出现。这正是由于中国向美国输出了巨大的廉价商品和巨大的廉价资金。

毋庸置疑,中国这场制造业的大繁荣,也是中国经济首次真正地走进世界经济强国的时代。所以,过去十几年中国迫切期望参与到这场巨大的合作中,甚至不惜为此付出社会环境、社会传统文化和社会传统价值观毁灭的巨大代价。

现在的问题是,美国未来是否还会长期大量进口中国制造的产品,来进一步推动中国成为世界的财富帝国呢? 目前中国和美国的经济速度增长水平,促使中国经济规模将在 2020 年超过美国绰绰有余。

2013 年的美国世界,实际已经发生了翻天覆地的革命性变化。2012 年,国际能源署(IEA)预测,按照当前的产量增长趋势,到 2017 年,美国可能超过沙特阿拉伯,成为世界最大石油生产国。同时,美国未来的原油和天然气产量增加,会让全球能源格局产生翻天覆地的变化。在全球能源版图的显著变化中,北美处于领先地位。未来十年,美国能源自给率将保持不断上升,有可能实现北美范围内的能源独立,即对北美以外的能源依赖降低到 5% 以下的水平。

这样,我们来看两个数据。1970 年,1780 万制造业就业岗位占美国总体 7100 万工作岗位的 25%。但是到 2012 年,美国 1190 万个制造业岗位仅仅是总体 15700 万个工作岗位的 8%。

所以,我们应该知道,1970 年美国的国债规模在 370 亿美元,而美国的 GDP 是 1 万亿美元,美国政府债务占 GDP 比是 3.7%。现在,美国的 GDP 高达 17 万亿美元,美国政府债务占 GDP 比是 100% 的水平。

美国人口统计局预测,美国婴儿出生率将长期维持低位,而到 2020 年,美国婴儿潮一代都将超过 65 岁,那时近乎 20% 的美国居民将超过 65 岁,这势必导致政府在社会保障、医疗保险及医疗补助上的开支上升,加剧政府债务负担,估计 2010 财年至 2019 财年财政赤字总额将高达 7.1 万亿美元。到 2035 年,美国联邦债务将占 GDP 的 180%,财政体系将处于崩溃的边缘。

当然,我们愿意认为美国的政治家是愚蠢的,那么,我们完全可以坚定地相信到 2035 年美国的财政体系将处于崩溃的边缘。可是,美国的"去工业化"战略的天时地利人和已经过去了。

今天,美国"再工业化"战略的天时地利人和却是在无声无息中崛起。2013 年,美国和欧洲开始的"跨大西洋自贸区协议(TTIP)"谈判,美国和日本开始的"跨太平洋战略经济伙伴关系协定(TPP)"谈判,都说明美国政府已经认为美国长期的贸易赤字问题和美国长期的"去工业化"问题是美国的头号问题了。

所以,美国推进的关闭美国煤炭发电厂的战略,不仅仅是环保意义层面的需求。如果美国在彻底关闭煤炭发电厂以后,工业体系使用比中国便宜 1/3 的页岩气作为能源,同时美国和欧洲再联手全球推进"碳关税"的环保主义,这实际就是赤裸裸地推进美国"再工业化"的战略。届时,中国制造业将面对美欧 TTIP、美日 TPP 和"碳关税"等一系列问题将会怎么样?

从传统经济理论上,美国推进"再工业化"必然迫切需要走长期美元贬值的战略。但是，目前美国的政府债务已经高达 GDP 的 100%，而美元贬值的战略会引发美国国内债券收益率长期上升的结构性问题。美国债务收益率的上升，也意味着美国政府需要支付更加高的利息。同时，美元贬值的战略也会引发大量资本流入中国地区，帮助中国制造业的资本融资。这样，美国推进"再工业化"将会是严重的得不偿失。

所以，未来超级升值的美元汇率，会严重压低美国政府债券的收益率，使美国政府支付的利息成本将大大降低，甚至是实际的负收益率。而未来超级升值的美元汇率也将严重打击到中国制造业的融资问题，迫使中国制造业支付非常高的资金成本。

但是，超级升值的美元汇率战略在自由市场中，却会严重提高美国产品的价格，这样，美国推进的"再工业化"实际最终会是严重的惨败。

而美欧 TTIP、美日 TPP 和"碳关税"未来高强度的大结合，实际就会严重地推高中国制造业的产品成本。这时候，美国超级升值的美元汇率战略将形成非常有利于美国政府和美国企业的战略。同时，美国超级升值的美元汇率战略将长期推高中国经济的资金成本。

所以，从美国的页岩气、美欧 TTIP、美日 TPP 和"碳关税"的大结合中，毋庸置疑的是美国"再工业化"战略的崛起。

美国"再工业化"战略的崛起，也将嘲笑所有相信美国未来财政崩溃的人的智商。

煤炭+蒸汽机+自由贸易＝第一次工业革命

18 世纪的英国工业革命引发了人类社会深刻而巨大的变化。工业革命使机器工厂代替了手工工场,创造巨大生产力,人类进入蒸汽时代,英国成为"世界工厂"。

19 世纪中叶,英国煤炭产量占世界总产量的 2/3,1913 年开采量曾达到 2.92 亿吨的历史最高水平。

进入蒸汽时代后,煤炭成为最主要燃料,需求增长推动开采量的增加。据统计,工业化时期英国每 10 年的煤炭产量分别是:1816 年 1600 万吨,1826 年 2100 万吨,1836 年 3000 万吨,1846 年 4400 万吨,1856 年 6500 万吨。工厂成为煤炭最主要的消费者,而这与使用煤炭做燃料的蒸汽机的推广有关。1826 年,英国已拥有 1500 台蒸汽机;到 19 世纪中后期,蒸汽机完全取代水力机械,成为工业生产的最主要动力。

蒸汽机发明后,英国不许蒸汽机出口,1810 年前后,英国颁布了一个法令,凡是出口蒸汽机和机器的,将处以死刑。

蒸汽机的历史意义,一下子给世界安上了动力,缩短了世界的距离,就像今天互联网的发明。

蒸汽机用于纺织业,使英国经济如虎添翼。棉纺织业技术进步,使生产率大大提高,产品价格也大大下降,1786 年,英国棉纱每磅是 38 先令,1800 年下降到 9.5 先令,1830 年又降到 3 先令,这对欧洲大陆的棉纺织业的冲击是致命的,中国和印度出口到英国的棉纺织品从此就失去了竞争力。英国不用再发愁如何把呢绒布倾销到热带、亚热带殖民地地区了,因为棉纱可以卖到世界各地。

蒸汽机为棉纺织厂提供了动力,这样棉纺织厂就可以搬到平原,它摆脱了对水动力的依赖。由于蒸汽机的使用,使机器的构件发生了本质变化。比如珍妮纺纱机原来是木质的,如果用蒸汽机带动的时候,木头就不行了,它就需要用铁来制造,这样对铁的需求就非常大了。

英国的冶铁业一向不发达,英国有丰富的煤矿,但都属于深层煤矿,需要蒸汽机抽水。另外,英国铁矿储量大,但是他的铁矿石含磷、硫等杂质太多,所以要把生铁变成熟铁就不行。当时英国生产机器的生铁大都从瑞典、俄国进口,他们要用大量原料把生铁换回来。英国靠蒸汽机解决了这个问题,在冶铁过程中,鼓风机由蒸汽机带动。在这个过程中他们有两个重要发明,一个叫"搅炼法",一个叫"碾压法",这两个环节都需要蒸汽机,可以去除杂质,这样炼出来的铁就可以做机器部件了。

冶铁业的发达,反过来对蒸汽机的要求就大了,这样就形成了一种互相拉动。还有纺织机,使用蒸汽机作动力后,最开始1个头,后来8个头、64个头、108个头,机器越做越大,这样又推动铁的生产。英国工业革命是从纺织机开始的,但到了19世纪前10年开始,它的重心就转到冶铁上了,冶铁就成了它们最重要的部门。

还有运河中的涵管,以前涵管都是用砖砌出来的,后来就必须用铁制涵管。工厂的机器越来越大,厂房就要变大,很多东西都要用铁,这样才会结实。这样,英国的工业部门内部就产生了相互需求。这个需求对生产的发展和对技术的发展产生了巨大动力。我们看这个过程不要看结果,好像蒸汽机提供了动力,不是这样,它是把整个经济的运行方式改变了。

1800 年前后,英国的煤和铁的产量比世界上其他地区产量的总和还要多,19 世纪中叶之后,产量达到了世界总产量的 2/3,当时英国是世界上唯一的钢铁出口国。1826 年,英国已经拥有 1500 台蒸汽机,到 19 世纪中后期,蒸汽机在英国已经完全代替了水力。

1814 年,史蒂芬孙制造了第一台蒸汽机车,并运送货物成功。到 1850 年,英国铁路总厂已经超过了 2.35 万公里。铁路的修建也是为了解决原料运输问题。

英国有了蒸汽机之后,基本上就是机器生产,仅仅十几年时间,就把英国和欧洲大陆的生产水平拉开了,完全是两个等级,英国产品打到任何市场都不怕。这样英国就可以改变整个外交战略,他可以推行自由主义贸易,英国跟所有国家说,你的商品到我这里免税,我的商品到你那里,也要免税。为什么英国推行自由主义贸易?就因为他们有这个实力。这样一来,英国产品就把欧洲大陆国家的产品基本上排挤出去了。就像解决能源问题的美国在推出碳关税。

有了蒸汽机,又有了煤炭,英国就可以依靠对外贸易崛起与扩张。

而英国主要通过商品贸易,所以英国改变了资本主义掠夺方式,他就是要把自己的商品打到越来越多的市场上去。英国的殖民地主要在北美洲,他把居民移居过去,然后在那里建立殖民地,从此让殖民地也得到相应发展。所以这些殖民地后来都成为他们重要的市场,他们和殖民地之间的关系是贸易关系。这样一种贸易关系当然有剥削在里面。这样一来，就使殖民地地区越来越发达，人口越来越多，收入越来越多，他们能够买英国的商品，原料和资本都解决了。英国就是通过这样的商业活动为后来的工业革命奠定了基础。

能源铸成了英国遍布全球的殖民地地区经济，机器是谁都可以设计的，但能源问题英国解决了。能源问题是英国称霸世界的根源。

当年英国还会发展殖民地经济，一荣俱荣。现在的美国只是在中国完成套利。没必要再扶持中国，美国已经获得了一切他想要的。

下 篇

从灾难到毁灭,还是从危机到生机

中国的人口总量在世界上是当之无愧的"巨无霸",全世界每5个人就有1个中国人。中国人民最勤奋但生存底线也最低,除了有编制的公务员免费享受着各种福利,其他99%的国民都没有享受过公务员所享受的待遇。世界的规则决定存在着社会分工,大批的人是要从事简单繁重的体力劳动,以养活自己和家人;精英阶层过着占有大量财富的光鲜生活,但知识是无价的,所以世界是公平的。

中国制造业中了2008年4万亿"将欲废之,必故兴之"的魔咒,在内外紧缩的夹击下留下了债务的无底洞后死去了,而且不再为我们交税了。人民币贬值强力引导下的中国中产阶级、"刚需"接盘终将有尽头。靠卖地生存的地方政府给我们展现的只有养不起的公务员、拿不出的养老金、死不起的制造业……还有活不起的中、无产阶级。

第 5 章　人民币主动升值成全鸵鸟式安全

在全球化的时代,汇率对一个国家的经济发展来说是最重要的和最关键的核心指挥中心。

价格是商品、服务及资产在交换过程中,根据稀缺程度等因素自然形成的,买卖双方共同认可的货币表现价值的数值形式,这是商品价格公认的定义。但是,由于各国间汇率的存在,价格就额外具备了国别的性质,在群雄并起的经济世界里,每场战役博弈到最后胜负见分晓的时刻,汇率决定了一个国家的生死存亡。尤其是如果在错误的汇率方向上仍在加大力度的扭曲,等于把中产和无产财富主动贡献他国和利益集团后再主动退出,然后再在废墟上重建。

即便资产折价人民币也要升值

另外一个重要的市场。2012 年 11 月 27 日,港币和人民币对美元汇率"联袂涨停"。香港金管局第 11 次出手,向银行体系注资 31 亿港元。同时,2012 年 11 月 27 日境内即期市场人民币对美元开盘即达到 6.223 的涨停位,刷新了人民币汇改以来的新高。从 2012 年 7 月开始,人民币对美元持续升值,人民币即期汇率频频触及 1% 的涨停板。与此同时,素有"小美元"之称的港币也开始频频冲击联系汇率 7.75 的强方兑换保证水平。

自 1983 年起,香港一直采用联系汇率制度,即港币兑美元的汇率一直维持在 7.75 ~ 7.85 之间,一旦触及上下限,香港金管局会和市场反向操作,通过抛售港币或美元,来保持汇率稳定。从 2012 年 10 月起,人民币对港币也开始了一轮升值的行情。中国银行人民币对港币现钞买入价首次突破 0.8 的心理价位,目前 100 港元能够换到的人民币已经少于 80 元。2012 年 10 月,香港金管局 3 年来首度入市干预港元汇价,此后接连入市 10 次之多,共沽出的数量超过 322 亿港元。

在汇率波动的背后,往往是资金的暗流涌动。根据大摩的数据显示,截至 2012 年 9 月,境外资本已经是连续第四个月流入香港,并逐步累积。香港的资产流动性在 2012 年 9 月已经创下新高。

美联储 2012 年 9 月的 QE3 效应陆续浮现,抑或外来资金以此为借口,持续流入香港。

关于热钱入港的意图,市场上有多种猜测。有人认为这是显示了外来资本对于中国经济复苏及人民币升值的预期。目前外围市场流动性过剩,且市场预期宽松政策还将延续。美元的存款利率接近于零,而中国人民银行仍然坚持审慎的货币政策,人民币一年期利率仍有3%。这样,中国人民银行不惜一切代价保持着人民币对美元的高利差,借此吸引海外热钱的流入。

通常,楼市和股市是热钱最容易得手的阵地。原因很简单,因为具备两大优势,容量足够大;流动性足够好。不过,由于之前两次 QE 之后,香港房价都已大幅上升,这种居高不下的房屋价格,已经令香港市民怨声载道,此次港府为了防止热钱进入楼市,已于 2012 年 10 月推出一系列严厉措施:向公司及海外买家征收 15% 额外印花税、调高额外印花税(SSD)税率及延长时间。如果在购入香港住宅物业后的半年内转售,税率将达 20%;1 年以上不超过3 年的税率也高达 10%。交易成本陡增,加上流动性本就偏弱,热钱则更多流向了股市。对比港、美两地的股指走势,恒生指数从2012 年10 月初到 11 月初,走了一个单边上涨行情。

道琼斯指数却刚好是在 2012 年 10 月初开始下跌。尽管恒指走势明显强于道指,但是,港股是否就是热钱的目标,又或者仅仅只是一个表象,又或者更是一个假象?

在寻找答案的同时,我们不妨先把视线挪到南亚近邻印度,以及地球另一面的巴西。相对于港币和人民币的持续升值,屡创新高,巴西和印度的货币却是持续贬值,呈现大量资金撤离的局面。

当香港金管局正在为港币频频冲击强方兑换保证水平而苦恼的时候,巴西中央银行却不得不出手阻止雷亚尔兑美元汇率的跌势。

2012 年 11 月 23 日,巴西央行入市干预,迅速拍卖 3.25 万份一年期外汇掉期合约,以向市场吸收雷亚尔的方式将汇率拉回 0.8 个百分点至 2.0812,暂时止住了雷亚尔急剧下跌的势头,出现近 3 个月以来的最大涨幅。

当时,大量资金从巴西市场逃跑。同时,香港市场却发生大量资金涌入,这是非常异常的现象。因为中国内地、中国香港、巴西都是新兴市场。普遍存在资金同进同出的现象。现在,如果不是人保此次 IPO 的 68.98 亿股新股,采取大幅度的资产折扣的方式,吸引资金大量涌入香港。那么,香港市场也会发生大量资金逃离香港的现象,同时,引发大量资金同步逃离中国市场的问题。

中国内地、中国香港与印度、巴西之间出现如此大的反差在某种程度来看,或许是因为香港的股票市场上,有大量廉价的优质资产。这段时期最引人注目的事情,无外乎是中国人保集团的 H 股 IPO 了,2012 年 11 月 26 日,中国人保 H 股招股说明书和全球发售公告在港交所网站挂出,意味着该公司 H 股发售正式开始,并于 2012 年 12 月 7 日在香港证交所挂牌,整体上市,一旦成功上市,人保将成为 2012 年香港最大融资额的新股。

不仅仅是融资规模创下 2012 年纪录,承销团队的豪华程度更是创下前无古人的纪录——香港上市路演时,出现了 17 家国际知名投行的身影,这也刷新了 2010 年友邦香港上市时保持的 11 家承销投行纪录。在 17 家投行中,中金、瑞信、高盛和汇丰除了共同担任联席保荐人外,还与德银一同担任联席全球协调人。摩根大通、美银美林、中银国际、农银国际、建银国际、大和证券和安信证券则同时担任联席会主承销商。这份汇集了国内、国际顶尖投行的名单,可谓是投行"梦之队"。

在人保此次 IPO 的 68.98 亿股新股中,已有 53% 的 H 股被配售给美国国际集团(AIG)、Scor SE、东京海上等 17 家基石投资者,42% 的份额面向机构投资者,仅为个人投资者预留了 5% 的新股。

早在 2012 年 11 月 22 日上午,美国国际集团(AIG)发表声明,表示已与中国人保集团签署了协议,双方将建立合资企业,共同在中国出售人寿保险。同时,AIG 在声明中表示,AIG 已承诺在中国人保香港上市时认购 5 亿美元的中国人保股票。这意味着,AIG 将成为中国人保 H 股 IPO 最大的基石投资者;AIG 还同意,在中国人保上市后 5 年里不得卖出超出 25% 的所持有的中国人保股票。

将中国人保的发行区间与友邦保险和中国平安进行对比,可以很清楚地发现,中国人保的估值区间明显低于二者,人保 IPO 执行低价策略的原因何在? 只是因为清淡的市场环境所致? 还是迫于市场状况而被动应对? 然而,前面已经提到,自 2012 年 9 月到 11 月初,恒指一路高奏凯歌,仅仅在美国大选后有所回调,便重返涨势。那么,目前的市场环境是否恶劣到大幅折价发行? 如果进行逆向思维,主动地以低廉的价格、被低估的优质资产来吸引海外资金,避免重蹈巴西的覆辙,防止资金撤离如此的迅速。

此种猜测并非凭空臆想。因为,在人民币走强的同时,离岸人民币市场未见增长。2012 年 9 月,香港的离岸人民币存款降至 17 个月来的最低水平 5460 亿人民币。2012 年 10 月,离岸人民币债券和存款证发行的规模都进一步萎缩,更多的银行同业结算和国际贸易结算使用人民币,而人民币存款也在下降。尽管美元疲软且利率很低,但香港的银行系统中美元占比却在持续上升。2012 年 9 月,香港的美元存款增加了 16.3%,人民币存款反而连续第二个月下降。近 3 个多月来人民币对美元的即期汇率持续升值,而在远期市场上,人民币对美元是贬值的。远期汇率却与即期汇率的走势完全背离,耐人寻味。

从 2012 年 10 月份的数据来看,中国人民银行外汇占款月仅新增 216.25 亿人民币,环比少增近 1100 亿人民币。同期,中国贸易顺差高达 319.9 亿美元,创出 4 年来的新高;而 10 月份外商直接投资额为 83.1 亿美元,两项合计为 403 亿美元,约为 2500 亿人民币。2500 亿人民币与 216.25 亿人民币之间的差额去哪儿了? 或许这 2300 亿人民币去了资本项目下,并且还是负值。这就意味着,2300 亿人民币的资金正在撤离。

不惜高汇率压死实业也要升值

利益集团决定中国人民银行的政策。2013 年一季度,中国 GDP 增长的速度放缓至 7.7%。

2012 年末,日本银行开始推行前所未有的超级量化货币政策。

2013 年 5 月 2 日,欧洲央行进入全球性央行降息大行动,下调基准利率 25 个基点至历史新低 0.50%。

5 月 3 日,印度储备宣布降息 25 基点(回购、逆回购利率分别下调 25 个基点至 7.25%、6.25%),银行利率调至 8.25。

5 月 7 日,澳大利亚储备银行将基准利率下调 25 个基点至

2.75%,为 1959 年该行成立以来最低点位。

5 月 9 日,韩国银行宣布降息 25 个基点至 2.5%。这是自去年 10 月以来韩国银行首次降息,当时韩国银行将基准利率下调 25 个基点。同时,韩国执政党对韩国银行施压降息,以配合政府刺激计划。韩国议会也在 5 月 7 日通过 17.3 兆韩元的追加预算以支持经济增长。

全球性中央银行集体性降息的大浪潮下,只有中国人民银行巍然不动。但是,这背后却是中国 GDP 速度的大幅度下降和中国外贸企业陷入了"生死口"。

由于中国人民银行从 2012 年 9 月实行紧缩性货币政策,导致在全球央行集体性降息的背景中,人民币对其他货币的利差大幅度的上升。所以,2012 年 9 月开始,人民币汇率出现了罕见的加速度升值,人民币汇率从 2012 年 9 月的 6.35 跳升至 2013 年 5 月的 6.12。

尤其是在疯狂的 2013 年 4 月,人民币对美元汇率中间价有 10 个交易日创出 2005 年汇改以来新高,升值达 749 个基点。而 2012 年全年,人民币对美元汇率仅升值 146 个基点。

一个很重要的数据,中国经济增长对出口依存度在 30% 左右。2012 年 4 月中国出口增长 4.9%,2011 年 4 月是 25%,下滑了 20%。我们这么大的经济体,出口在一年之内大幅度的下滑 20%,说明中国经济已经陷入结构性增长难题。所以,2011 年中央经济工作会议确定的目标就是要 2012 年 GDP 增长 10%。但是,2012 年的 GDP 增长是 7.8%,创下 13 年的最低增长速度。

2013 年 6 月,中国贸易出口数据出现 17 个月以来首次下降,国内经济学家和分析师普遍对此表示惊讶。但是,这个数字却是中国人民银行为了利益集团所一手制造的。当然,中国人民银行非常明白。

终于,中国经济也在 2013 年 6 月爆发了银行业体系大面积的"钱慌"。

2013 年 6 月 5 日,中国市场上曝出惊人的光大银行对兴业银行有千亿元到期资金,光大银行毁约导致兴业银行的到期资金无法收回,资金额度高达 60 亿元。

而在中国人民银行坚决不降息和不降存款准备金的刺激下,6 月 20 日上海银行间同业拆借利率大幅上升 578.40 个基点至 13.44%;银行间隔夜回购利率一度触及 30% 的历史高点。始发于中国银行间市场的流动性紧张问题,也即刻蔓延到国内货币基金、债市和股票市场。国内股市从 6 月 1 日的 2300 点,瀑布式暴跌到 6 月 25 日的 1849 点。

2013 年 6 月,中国市场 1 天期的利率,按年折算最高达 30%,相当于 1 年期贷款基准利率的 5 倍。这在全球金融史上都是一大奇迹。

难道是中国人民银行手上没钱吗？恰恰相反,目前中国的存款准备金达到 20%,接近历史高位。中国的存款准备金可以降低到 8% ~ 10% 的水平。只要中国人民银行降低 5% 的存款准备金,就等于释放了 4 万亿人民币的货币供应。所以,中国人民银行是全球最有钱的央行。

6 月 17 日,一封来自中小企业协会会长李子彬的信送达国务院副总理马凯处。李子彬在信里向马凯反映的主要问题是当下中小企业面临的生存困境,尤其是紧绷的资金链已经迫使大量中小企业的经营难以为继,在此背景下融资难、融资贵的问题也愈发突出。一个数据说明大量中小企业陷入系统性的打击。从新增企业存款占社会净融资的比例来看,在 2008 年以前平均在 58% 以上,而到 2012 年却是降至 28%。

2013 年上半年,在中国中小企业、外贸企业和股市都陷入灾难性打击的时刻,中国经济的另外一面却是高歌猛进。

2013 年上半年,全国 306 个城市共交易土地 15493 宗,土地出让金高达 11305 亿元,与去年同期相比大幅增长 60%。其中北上广三地上半年经营性土地出让金已超 1739 亿,接近 2012 年全年 1934.92 亿元。

北京上半年土地出让金同比大增 390%,上海同比增长 277%,杭州更是同比增长 504%。

而国家统计局数据显示,2013 年 1 月~5 月,商品房销售面积 39118 万平方米,同比增 35.6%;商品房销售额 25864 亿元,同比增 52.8%。同样作为一线城市,上海和广州的土地市场热度,也反映出良好销售势头下开发商拿地热情不减。

上半年,13 个一线二线城市(北京、上海、广州、深圳、天津、重庆、成都、武汉、长春、南京、杭州、苏州、长沙)合计土地出让金高达 3084.62 亿元,相比 2012 年同期的 1364 亿元上涨了 126%。

在 5 月,全国主要的一线二线城市土地市场有超过 10 宗高溢价地王成交,总成交额已经超过 150 亿。广州、北京、上海等一线城市均出现了区域土地价格新高,面粉贵过面包的现象再度上演。

原来,在中国中小企业、中国外贸企业和中国股市陷入大崩溃的时候,中国一线二线地方政府和中国大型房地产商却在联手推高一线二线城市的房价,迫使一线二线城市的刚性需求者集体性进场,高位抢购房产。

中国一线二线城市房地产价格的上升,可以有效地解决一线二线城市地方政府的庞大债务。

同时通过一线二线城市房地产价格的上升,尽可能地稳定了中国三线四线城市的房地产过剩的危机不爆发。

那么,现在大家会有一个问题了,为什么中国人民银行不和全球央行一样在全球经济集体性下降中,大量释放人民币货币供应呢?大量释放货币不是一样可以推高房地产的吗?

我们先了解通过汇率上升可以怎样推动房价上升。

通过汇率上升推动一个地区的房地产价格大幅度上升,这本来就是一个简单的经济算术题,更何况我们也曾经见到1985年美国要求日元升值后,日本的房地产价格疯狂上涨的世界奇迹。2005年人民币汇率盯着美元价格的体系,这样,流入中国地区1美元,中国人民银行就会印刷8.1元人民币来购买这1美元(8.1元人民币是2005年价格),那世界货币体系就应该同时同步创造了1美元+8.1元人民币,因为,中国人民银行拿到1美元后,是立刻又回流到美国市场中,购买了美国国债。

而2007年中国经济规模GDP接近25万亿人民币,2005年~2007年我们单纯的外部因素累计产生的货币供应量是21.6万亿人民币。所以,2005年以后中国房地产价格的爆炸性上升就是一道"1+1=2"的简单经济算术题。

这样,就出现了一个同样简单经济算术题——汇率贬值推动一个地区的房地产价格大幅度下降。

所以,2013 年 6 月中国市场爆发的"钱慌",正是反映了中国人民银行恐惧美国会削减 QE。

于是,2013 年 7 月在美国出席第五轮中美战略与经济对话的中国财长楼继伟先生,敦促美联储在削减 QE 时,须考虑其对全球经济和金融市场带来的影响。同时,楼继伟指出美国的政策不单会影响美国经济,还对全球经济有溢出效应,特别是对新兴市场。中国的财政部长到美国,去评论美联储应该怎么做,这就是世界经济中的一个大笑话了。并且,美国宪法规定——美联储是一个独立的机构,美国总统都无权力干预。

另外,还有一个重要的问题。就是中国大型房地产商手上的墨西哥式的 Tesobonos 型债务规模已经上升到 7000 亿 ~ 8000 亿美元了。中国人民银行通过系统性紧缩国内的货币供应,来不惜一切代价推高人民币汇率的时候,实际也是在大量降低中国大型房地产商的资金成本。这无形中也是极大地保证了中国大型房地产商的现金流的充足。

"刚需"在地王频出的热烈气氛中接盘

两件事情,中国人民银行是非常清楚的:

(一)2012 年 1 月 ~ 8 月,市场大量的投机商人参与做空人民币的汇率。为此,大量中国的外贸企业停止了用美元结算人民币的交易,手上大量储备美元现金,这个规模大概在 3000 亿美元。

(二)2010 年 4 月,北京出台房地产的"限购令"。随后,2010 年 9 月全国主要的大城市相继推出了"限购令"。"限购令"事实上造成部分的房地产"刚性需求"开始选择了等待。

中国人民银行是整个中国国内牌局的发牌者。中国外贸企业手上有多少美元？因"限购令"选择了等待的"刚性需求"大概有多少？只有中国人民银行了如指掌。

（一）2012 年 5 月以来中国人民银行通过向中国市场释放数万亿人民币的"逆回购"，达到向中国大型房地产商和国有企业注入充分的流动性的目的，而通过缩紧中小企业的资金成本，来推高市场的利率水平。

（二）中国银行业拼命下调外币存款利率和外币理财产品的收益率，达到人民币对于美元的高利差的目的，从而努力渲染人民币汇率坚挺的市场气氛。

（三）通过在香港的资本市场投放大幅度折价的优良资产，来吸引外部资本进入香港，从而营造出港币和人民币汇率的假象性升值状态。

（四）人民币汇率的升值假象，迫使中国外贸企业手上的 3000 亿美元现金迅速结算成人民币。

（五）中国大型房地产商和国有企业，在中国人民银行史无前例的"逆回购"的资助下，获得了充足的流动性现金。然后，中国大型房地产商和国有企业，短时间内集体性联手在中国一二线城市的房地产市场疯狂拿地，来迫使曾经因"限购令"选择了等待的中国房地产刚性需求者放弃等待。大量的刚性需求者集体性的同步被迫进入中国房地产市场，自然是短期解救了中国市场的灾难性资金链的危机。

可是,随着中国外贸企业手上积累的美元渐渐消失,随着中国房地产市场最后的刚性需求者集体性的同步购买的尘埃落定,事物还是会回归到现实本来应该具有的面目上来,这是残酷的。正如中国股市2007年上演的"进攻性极限"一样,当所有的中国散户投资者在6000点全部购买好股票以后,市场再也没有能力形成大量的购买力。结果,外部的因素和自身的因素就会形成强大的向下的杀伤力,导致2008年中国股市爆发大崩盘。所以,中国房地产市场过去两年内积累的大量刚性需求崩溃,放弃了耐心等待的时候,中国房地产市场未来再也没有能力形成大量购买力了。对于这一切美国和日本的核心层非常的清楚。

资金正在撤离的同时,货币正在疯狂升值,这明显有悖于经济学常理。有悖常理的人民币升值有什么意义呢?对中国房地产商人来说,手上大量随时爆炸的墨西哥式的 Tesobonos 型的债务会大幅"蒸发"。

2010年,中国房地产商人和中国国企最感兴趣的事情,却是大规模向海外拆借美元资金。今天,1美元兑换6.5元人民币,中国房地产商人向海外拆借美元资金利息在12% ~15%。如果,拆借1亿美元资金,利息12%,到期是应该归还1.12亿美元。按照6.5比价,这个房地产商人到手是6.5亿人民币。未来一年如果人民币升值达到比价是6,届时,这个房地产商人需要用6.72亿人民币去结算这笔债务,那这个利息并不高。但是,如果墨西哥式著名的 Tesobonos"快速死亡程序"爆发,那最保守比价会是1美元兑换20元人民币,这个中国房地产商人届时是需要用20.24亿人民币去结算这笔债务的。(见《即将

来临的第三次世界大萧条》一书)

中国人民银行把优质资产,并且是折价的优质资产贱卖,大量全球资本就会短期集中购买中国折价的优质资产,从而造成人民币升值,人民币升值后造成房地产商人大量的墨西哥式的 Tesobonos 型的债务正收益上升,中国房地产商人债务减轻后,就会大量买地扩张,最终推高土地价格,迫使中国大量刚性需求者恐慌性入场接盘。

道理就在这里,人民币就是教条主义害死人

在全球所有货币对美元都做出了相应的贬值后,人民币很自信地抱着炸药过独木桥。在美国经济真实和强劲的复苏下,人民币升值之路必将成为断了电的喷泉,届时人民币将成为对美元最后一个贬值的货币,破坏力也将是最大和没有缓冲的。人民币这种自以为找到了灵丹妙药的感觉正在把中国制造业、中国股市甚至中国经济彻底毁灭。

更可怕的是,推动中国房价上涨,使中产阶级大量高位接盘;同时,热钱在房地产高位和人民币严重高估的情况下,巨量套利后疯狂外流将导致中国人民银行美元兑付危机。美元资本将引爆全球黄金和中国房地产的大崩盘,引发人民币对美元的雪崩式暴贬。再然后,用非常廉价的方式私有化中国财富。

逻辑的起点要追溯到 2005 年 7 月的人民币升值。当时的人民币升值并没有错,中国成为世界工厂,生产效率提高,人民币内在价值上升,由于长期实行固定汇率,存在一定程度的低估。但错误的是,此后人民币单边加速升值的策略,这最大化地鼓励了热钱投机中国房地

产,并造成了目前难以挽回的恶劣局面。

2005 年的时候,中国可以有两种选择:其一是坚持固定汇率,扩大本国居民的购买能力,推行扩大中国居民福利的政策,同时大幅度削减政府开支。建立中国国债和中国企业的信用违约互换(CDS)市场;建立新货币的贸易区(如和俄罗斯、东盟建立新货币的贸易区)。其二是藏汇于民,鼓励大量贸易企业不进行美元结算,对美元结算的贸易企业收取较高的税费,这样,大量持有美元的中国贸易企业只能进行海外的收购。同时大幅度提高房地产的交易税,迫使投机房地产支付高额资金成本。

上述第一种选择,将迅速有效地建立中国的现代金融体系。第二种选择,将中国人民银行手上的 3.5 万亿美元的外汇储备,变成了全球性 3.5 万亿美元市值的企业,而中国大量企业收购的海外企业,完全可以提高中国产业链体系的深度开发。

不论怎么样,以上两种方式都不会引发大量海外热钱投机中国房地产。因为中国人民银行手上基本是没有什么外汇储备的。投机中国房地产的海外热钱,最终要面临是否能够成功撤离的问题。当海外热钱想撤离中国市场的时候,是找不到可以接盘巨量人民币的对手的。这时候,几十万亿人民币的热钱想走出中国市场,只能面对雪崩式暴贬的人民币汇率,于是,几十万亿人民币的热钱不是面对 6.1 的人民币汇率,而是面对 20 或者是 30 的情况。这时候,人民币的贬值不仅仅是引发中国国内企业和中国居民的大量财富损失,同样,也导致全球性金融机构的惨重损失。热钱面对的是中国的一句老话——伤敌一千自损八百。

可是,现在中国人民银行手上有 3.5 万亿美元。过去 10 年投机中国房地产的海外热钱,随时随地可以放心迅速成功撤离中国市场。因为,中国人民银行届时迫切需要隐藏其人民币长期加速度升值的战略性灾难,所以,中国人民银行会在 6.1 的水平拼命投入美元,来购买海外热钱手上的巨量的人民币。现在,中国央行按照 6.1 的水平可以购买大约 21 万亿的人民币。于是,等到中国人民银行扛不住的时刻,实际上海外热钱已经成功大量套利出走了。接下来,中国人民银行只能被迫面对人民币汇率是 20,或者是 30 的问题。而此时此刻,中国企业和中国居民也将面临灾难性的巨大财富的损失中。

现实中,我们在美国的压力下,人民币对美元持续单边升值。加之人民币利率高于美元,特别是在美国金融危机后中美利差扩大,这势必吸引巨量国际热钱投机中国。很重要的是,这几年中国房地产疯狂暴涨,大量投机中国房地产的海外热钱收益是成倍上升。比如,海外热钱投入 2 万亿美元进入中国市场,在中国房地产上的收益高达 5 万亿美元。中国的制造业拼死拼活才赚了 3.5 万亿美元,结果这十几年积累的财富还不够支付海外热钱在中国房地产上获取的 5 万亿美元的收益。

巨量国际热钱流入,由于中国实行的强制结售汇制度,包括正常的贸易顺差和对外直接投资(当然大量的热钱是隐藏在贸易顺差和对外直接投资中的),中国人民银行被迫收入美元,兑换出人民币基础货币在国内流通,如果按照平均 1∶7 的汇率测算,仅中国外管局和中投的 3.6 万亿美元,就发行了约 25 万亿人民币的基础货币;如果按照 4 倍的货币乘数,则在国内增加了高达 100 万亿人民币的流动性。

　　针对国内巨量流动性资金的增加,以遏制国内通胀为名义,央行采取了提高存款准备金率和发行央票的方式,以回收流动性。关键性的陷阱在此刻出现了——由于国际热钱来到中国是为了进行资产投机,其投资投机的能力比较强,不太愿意存放在商业银行获取利息。当中国人民银行通过商业银行回收流动性资金的时候,它很少能收走热钱,由于传统的中国工商业的资金往来是无法离开商业银行的,即当中国人民银行回收流动性时,中国原来的内部流动性反而大为减少了,由于商业银行优先保证政府和国企融资,民营企业,特别是中小民营企业的流动性资金被中国人民银行优先收走了。这就是为什么人民币越升值,国际热钱涌入中国的越多,中国工业品紧缩越厉害,中国中小企业贷款越难,民间借款利率越高的根源。

　　在 2012 年 9 月,欧洲危机复发。中国人民银行采取了在香港市场投放优质折价的人民币资产吸引海外热钱这一策略,以此维护人民币的升值。

　　在 2013 年上半年,在全球性经济速度下降中,全球性央行的集体降息潮下,中国人民银行强硬的不降息和不降低存款准备金,来制造国内的实际利率大幅度上升的情况,不惜制造了中国市场 6 月大崩盘,而人民币实际利率大幅度上升,非常有效地稳定了人民币的升值。

　　中国房地产商是人民币升值中唯一的发财者。因为他们已经向海外拆借了高达 7000 亿~8000 亿美元计价的债务。人民币的大幅度升值,自然引发中国房地产商资金成本的大幅下降。所以,中国的大型房地产商,也拼命在 2013 年投入大量资金进入中国一二线城市。协同地方政府、中国人民银行推高房地产价格,迫使大量刚性需求者进入房地产市场,高位抢购房地产。这就像中国人民银行和中国媒体在 A 股 6000 点时,吸引大量中国投资者购买中国石油、中国远洋等国企股票一样。

一个美好的愿望——放纵通胀,股市涨楼市跌中国腾飞。

目前,中国最高明的经济政策,应该是推动中国房地产业的暴跌,同时推动中国股市大暴涨,中国股市甚至上升万点以上。这样,中国经济就不会出现问题,危险报警立刻解除。但是,现在中国的经济政策是以期望稳定房地产为目标的,是严重的战略性错误。在世界经济通货紧缩的大背景下,中国房地产稳定是不具备现实可能性的。1989年,日本政府和央行也是在全球大通缩的结构性趋势下,开出了期望稳定日本房地产的经济政策,最终导致日本经济的长期大衰退。

现在,中国货币和财政需要猛烈扩张,这必然发生短期通货膨胀。但在当前全球大紧缩的情况下,扩张带来的这点通胀是有益无害的,利于中国和世界经济的发展。

事实上,中国的货币和财政的猛烈扩张,真正严重受到伤害的是美国和欧洲的财政。因为,中国不惜一切代价推动全球性通货膨胀的上升,美国国债和欧洲国债的债券收益率就会面临灾难性的大幅度的暴涨。这样,美国和欧洲的经济政策就会以推动自身的高福利改革和财政改革,来参与全球化。目前,美国和德国的核心利益是期望长期受益于债券收益率超级低的价格,尤其是中国的宏观经济政策也是服务于美国和德国的债券收益率的利益。

从军事战争角度来看。1941 年 9 月,德国军队对苏联军队发动了"基辅战役"。"基辅战役"中德国军队大获全胜。"基辅战役"被称为人类战争史上最大的围歼战。苏联军队共计有 66 万士兵被德国军队俘虏。但是,"基辅战役"只是德国军队在战术上的一场大胜利。而从战略的角度看,"基辅战役"是德国军队的一场大失败。因为,在随后真正重要的"莫斯科战役"中,德国军队无法短时间内完成必要的作战准备。所以,"基辅战役"必然导致了"莫斯科战役"的大惨败。

目前在全球经济的大背景下,中国的宏观经济政策根本不需要在战略上防止通货膨胀,而是战略上防止通货紧缩的大爆发。这就好像,你可以获得"基辅战役"的战术上的大胜利。但是,你下一步就必须面对一场战略上的大惨败。

2010 年 ~ 2013 年人民币开始进入有目的主动升值阶段,这是利益集团犯下的教条主义无后悔药的错误。

第6章　地产商小资金投入高位出货胜利大逃亡

人民币升值是政府有目的的经济政策,与中国制造业全面被卡死相比,人民币升值给房地产商带来充足资金的同时,伴随的是一二线城市房价和地价的疯狂飙升,同时,已经逐渐萎缩的三四线城市房地产也跟着大卖。房地产商手上积压的房产因此得以高位出货,以小的资金投入完成胜利大逃亡的华丽转身。

房地产和地方融资平台吸光流动性

中国大型房地产商突击一二线城市拿地。房地产和地方基础设施投资领域仍相对处于扩张阶段。2013年上半年我国房地产开发投资增速同比增长20.3%,增速比一季度加快0.1个百分点,比上年同期加快3.7个百分点。上半年基础设施投资增长25.3%,增速比一季度回落1.6个百分点,但比去年同期加快17.3个百分点。

国家统计局7月15日公布的2013年1月~6月全国房地产开发和销售情况显示,上半年商品房销售面积51433万平方米,同比增长28.7%。商品房销售额33376亿元,增长43.2%。仅6月销售面积1.23万平方米,环比增加31.6%,同比增长10.8%。

国土资源部发布的中国土地市场指数(CLI)显示,2013年上半年全国房地产用地供应8.24万公顷,同比增加38.8%,创历年最高。国土资源部法律中心主任孙英辉表示,31个省份中仅4个住宅推地量低于去年同期,其余27个推地量均高于去年同期,增幅较大的包括北京市(267%)、浙江省(121%)、江西省(99%)。

2013年1月~6月全国306个城市共交易土地15493宗,土地出让金高达11305亿元,与去年同期相比上涨60%。

其中,土地市场的热度在一线城市尤为明显,北、上、广三地经营性土地出让金已超过1739亿元,接近去年全年1934.92亿元的水平,北京和广州都只用了半年的时间就超越了2012年全年的土地出让金收入。

2013年上半年,多地卖地收入呈现前所未有的井喷状态。

房地产和地方融资平台对实体经济占据了新增社会融资的7成。2013年一季度社会融资规模为6.16万亿元,同比多增2.27万亿,创历史同期最高值。一季度房地产和地方融资平台共获得的融资同比多增达1.3万亿左右。显然一季度社会融资多增部分,基本上流向了房地产买地和地方融资平台偿还债务利息和到期债务。二季度资金继续加大流向土地和地方债,少量流向制造业的资金也是用以还高利贷和高利贷利息,用以再生产的资金几乎为零。中国经济政策已经陷入"国家利益"与"私人利益集团"严重对立的时代。国家政策通过对实体经济及其他私人部门经济增长的短期内人为阻碍,迫使中产阶级的"刚需们"进入最后疯狂的房地产市场,通过高位把房地产资产转移到中产阶级的负债表上,来挽救即将全面破产的地方债问题,最后把长期积累的房地产泡沫和地方债务的扩张也得以一次解决。

房地产泡沫肯定要解决的,是让地方政府和银行业破产解决?还是让中产阶级破产解决?答案是非常清楚的。只要是中产阶级破产解决中国经济的结构性问题,那么"私人利益集团"就会演变成苏联破产后的叶利钦财团。叶利钦财团们最终通过高等的文化控制在苏联经济大崩溃中成为了统治俄罗斯财富的"主人"。

为此,让我们祈祷这次中国中产阶级的钱能为解救中国的地方债做出贡献,不要像2007年股市6000点时高位买入,在2008年经济危机中积蓄白白蒸发。这次,中产阶级的出手"相救",增加了"4万亿"扩张后的地方债暴增的风险和国际经济形势残酷的紧缩事实。恐怕中产阶级这次会随着地方债和房地产人民币汇率的崩盘而一贫如洗。不能移居国外的小积蓄中产阶级翻身之旅寄托于移民"类城镇化租界"①。类城镇化租界就是贫富分化的集中体现。

这种金融资源配置的不平衡又带来另一种结果,那就是虽然货币

---

① 类城镇化租界:租界是民国多国势力入侵战火纷飞时期的产物,笔者所说"租界"是取民国租界定点繁华之意。人类社会以曼彻斯特建成为居住地全面扩张开始的标志性事件,又以底特律的破产为标志,全面进入居住地收缩的大时代周期。中国的城镇化应该顺应这个规则,建立高度集中的宜居城镇,以免鬼城林立之忧。地方债残酷爆发后保留经济发展的热点和种子。类城镇化租界将使中国再上演以权力和财富划分的地方割据的一幕。

条件较为宽松，但全社会的实际融资成本却很高，目前我国企业所面临的实际利率（用名义贷款利率减去生产者物价指数计算）在9%以上，已经明显高于当前实际GDP的增速（房地产和融资平台通过信托和委托贷款等渠道获得资金的实际成本更高，超过10%）。

还有一个重要原因，因为房地产行业目前是中国银行业和地方政府赖以生存的发动机。而地方融资平台，主要是政府政绩行为，关于是否盈利，利润不是生死存亡的问题。只要达成业绩，就可以升官。未来是否出问题是下一届的事情。而这两个"富二代"部门在对资金的运作中，自然也抬高了整个社会的融资成本，抑制了实体经济中其他部门的固定资产投资，以及存货投资的能动性。

其次，房地产与融资平台的问题，可以通过转移支付解决问题。比如，迫使刚性需求大量负债接盘。

央行数据显示，2013年3月M2首次超过百万亿元，达到103.59万亿元，而5月M2更进一步增长达到了104.21万亿元。2013年前5月，M2增长从15.2%至16.1%不等，2013年上半年金融统计数据，6月末，广义货币（M2）余额105.45万亿元，同比增长14.0%，比上月末低1.8个百分点，比上年末高0.2个百分点。但全部高出中央定下2013年M2增长13%的调控目标2个百分点以上。2013年以来，各地又掀起一轮卖地浪潮，房地产企业买地，大量从银行融资。地价飙升导致房地产企业的融资大幅增加。其中，新增开发贷和新增个人住房贷款同比分别上升340%和196%。

2013年一季度房产信托规模大幅上升12%至7702亿元。一季度中新增开发贷的占全国新增贷款总额达6.3%，较上一季度增长 4.7% 。

金融机构普遍认为,房地产是投向最安全、客户最优质、资金周转最快、高利润高回报又有充足抵押的行业。同时,2013 年以来,房地产税迟迟不能扩围,调控房地产的政策很暧昧,金融机构和房地产界无不心知肚明,决策层对房地产支持的真实无奈。金融界因此大胆得出结论中央会支持房地产行业发展。

其次,地方融资平台多年来很大部分是依赖房地产开发的,很多与房地产商配套联手。大量社会资金通过信托业流向地方政府融资平台。36 个地方政府债务两年增长 12.94% 。

目前我国土地供应的总指标,三四线城市占比接近 70% ,而一二线城市只有不到 20% 。这主要是因为土地指标都是根据人均占地面积的指标来计算,受限于国内的户籍制度,大部分人口流入一二线城市,但户籍仍留在三四线城市,这就造成了三四线人均供给过多,而一二线不足。而一二线不足的背后是中国政府控制了大量的财富,所以,北上广集中了中国所有的大型国有企业和政府机构,包括中国所有寻租集团全部集中在北京。

我们不难发现,2012 年底,中国大型房产商大规模突击在一二线城市拿地。其中重要的原因是三四线城市的房地产市场,已经陷入严重的库存过剩的困局中,而三四线城市的消费能力根本无法消化这些庞大的过剩库存。中国大型房产商们在三四线城市已经没有了生存空间。一二线城市大量存在的"不怕死"的刚性需求者,对于房地产商人来说这是他们最后的"猎物"了。

逆回购成就土地市场火爆

土地市场的这种热度主要爆发在一线城市,二三线城市必然处于水涨船高的状态。如同绩优股疯长,垃圾股认为自己不具备条件也可以跟上。在北京,2013 年上半年土地成交合计 100 宗地块,合计土地出让金达到 664.24 亿元,而在 2012 年,北京市全年的土地出让金仅为 647.92 亿元。北京只用了半年的时间获得的土地出让金收入就超过去年全年。2013 年上半年广州市土地出让金为 243.7 亿元,而该市2012 年全年仅为 220 亿元。同样是用半年就超越了去年全年的土地出让金收入。

大家都在抢着拿地,各地政府推地的力度也在加强,好像没受到调控影响一样。地方政府推地加快,开发商资金充裕,共同导致了上半年土地市场的火爆。而这种火爆必将对楼市预期产生影响。

中原地产研究中心对全国 40 个大中城市 2013 年上半年的土地市场进行了监控。在 1 月,一线城市的土地溢价率达到 27%,但2 月~4 月,土地溢价率则从 22% 下探到 13%,到了 5 月,土地溢价率则拉升到 39%,6 月这个数字又回落到 22%。类似的波动也出现在三四线城市,只不过,波动的幅度更大。1 月,三四线城市的土地溢价率仅为 6%,但 2 月就达到 45%,3 月、4 月跌至 20% 以下,5 月就拉回45%,6 月再次回落到 28%。只有二线城市在上半年保持了相对的稳定,但顶峰同样出现在 5 月。

银行钱紧为什么就不会传导到土地市场?

央行的逆回购导致,或者确切地说是"命令"大型房地产商和大型国企集中突击购买一二线房地产,实际产生的效果则非常明显。

(一)短期解决中国地方政府的债务危机。

(二)让中国大型房地产商成功高位逃跑。因为,北上广三地上半年经营性土地出让金虽然超 1739 亿,接近 2012 年全年 1934.92 亿元。但是,在中国大型房地产商的资金规模里面并不大。可是,由于一二线房地产市场集体性的遭遇,大型房地产商联合的猛攻,这必然导致大量三四线市场刚性需求者进场。这就像中国的老股民一样,一看到主力拼命拉高中石油,就知道主力是在股市上拼命出货了。

于是,我们分析中国人民银行的货币政策。2011 年 12 月、2012 年 2 月、2012 年 5 月,中国人民银行连续三次下调法定存款准备金率,大型金融机构与中小型金融机构的法定存款准备金率分别由 21.5% 与 19.5% 下调至 20.0% 与 18.0%。

2012 年 6 月~7 月,中国人民银行连续两次下调人民币存贷款基准利率,1 年期人民币存款与贷款利率分别为 3.50% 与 6.56%,下调后至 3% 与 6%。

中国经济增长速度连续性下降,本应该引发中国人民银行进一步扩大降息与降准的力度。但是,从 2012 年三季度起,中国人民银行开始频繁地逆回购,逆回购这一金融工具是在向市场补充流动性,而不再依赖于降息与降准。例如,在 2012 年 5 月之前,央行只是偶尔使用逆回购这一工具。2005 年 1 月至 2012 年 4 月这 88 个月期间,中国人民银行只有 4 个月使用了逆回购,且种类均为 14 天。而从 2012 年 5 月至 2012 年 10 月,央行已经连续 6 个月实施逆回购,逆回购总额达

到3.6万亿人民币,且种类涵盖了7天、14天与28天。中国人民银行的货币政策反映了以下特质:

(一)逆回购的规模大幅度放大;

(二)逆回购的期限开始大幅度延长;

(三)中国市场的实际利率被推高。

逆回购是一种短期流动性操作工具。商业银行通过逆回购获得的资金,是不会用于中小企业的中长期放贷,而是主要用于期限较短的投资或拆借。所以,逆回购是无法起到真正的持续性推动中国 GDP 增长走出结构性下滑的困局的。那么,中国人民银行的货币政策到底是以什么为货币目标的呢?

我们需要先关注图6-1,图6-2中这些数据。

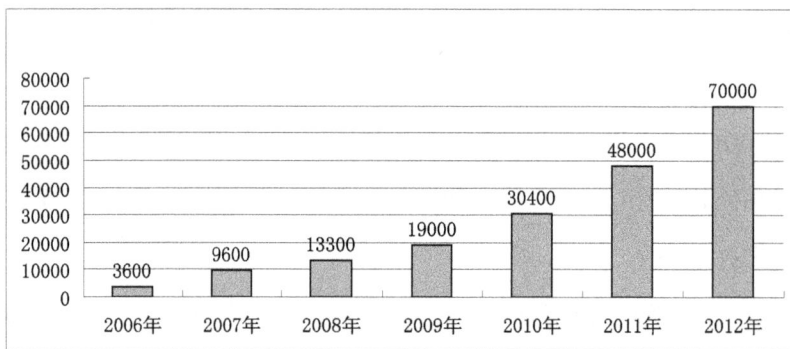

图6-1 中国信托产业资产规模(亿元)

同时,2007年中国地方政府债务规模是4万亿元人民币,到2011年上升到13万亿元人民币。

为什么要提出信托业资产、银行理财产品和地方债务,这三个数据的疯狂增长的情况呢?

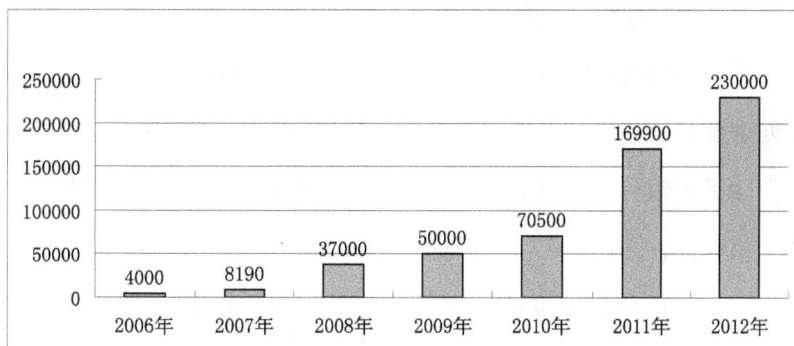

图 6-2　中国银行业理财产品交道规模(亿元)

因为,"中国信托业资产+中国银行理财产品资产的规模=30万亿元人民币"了,相当于中国 GDP 的 60% 的水平。这是中国社会上的一个面目狰狞活生生的"影子银行"。其主要任务是为了维持中国房产商们和中国地方政府的资金链。这个巨大的"黑洞",每天都需要吞掉巨大的利息才能维持。

从中,我们可以看到中国人民银行的具体战术。从 2012 年 8 月 ~ 10 月,国内四大银行的外币存款利率开始全线下调。以交行为例,小额外币存款利率中,英镑下调幅度最大,1 年期英镑存款利率由 0.8% 调整至 0.1%;美元及欧元的短期存款利率降幅较大,美元活期存款利率由 0.15% 下调至 0.05%,欧元活期存款利率由 0.02% 调整至 0.005%。

随着国内银行业发力下调外币存款利率,外币理财产品的收益率开始下调,首先是美元理财产品。2012 年年初时,美元理财产品的年化收益率还在 4% 以上,2012 年底却下降到不到 2% 了。一向坚挺的澳元理财产品收益率也大幅下滑。

中国人民银行的战略究竟有哪些?

(一)2011 年年底至 2012 年第三季度,向市场释放货币。而 2012
年四季度开始紧缩国内的实际利率。这样,在 2012 年四季度迫使市
场资金进入银行业体系,为信托业、银行理财产品提供年末到期结算
的大量资金。

(二)2012 年四季度,国内四大银行外币存款利率的全线下调,迫
使国内的美元储蓄者,大量兑换成人民币,成为银行的人民币存款。

(三)信托业和银行理财产品在 2012 年四季度获得大量资金后,
再迅速大量输送到大型房地产商和地方政府的手上。同时,一二线城
市的地方政府大量出售优质地块,吸引大型房地产商进行抢购。

国五条拉响 2013 土地市场吆喝叫价上涨潮

而进入 2013 年 2 月,国务院发布新"国五条",并要求各直辖市、
计划单列市和除拉萨外的省会城市在 3 月底前按照保持房价基本稳
定的原则,制定并公布年度新建商品住房价格控制目标。政策看上去
是在大力打压房价。但是,"国五条"的其中一条是"对二手房转让所
得征收 20% 的个人所得税",在中央"国五条"落地后,地方细则出台
前,各地的二手房市场顿时上演了一场场超级抢购大比拼。产权交易
中心人声鼎沸,大家都在抢产权交易倒计时的末班车,媒体对此事件
也给予最热情的报道。

在二手房的热情带动和激励下,原本希望"国五条"能限制房价上
涨,结果却演变成了以二手房拉动的新房房价节节攀升的局面。2013

二手房打响了中国房价地价疯狂上涨的发令枪。

首先是北京,2013 年 3 月 4 日至 3 月 10 日,北京二手房成交 9604 余套,新房成交 4663 套左右,环比 2 月同期二手房成交量上涨了 350%,新房跟风上涨 185%;与 2012 年同期相比,二手房上涨了 350%,新房涨了 269%。而在 3 月 30 日这一天,北京住房成交套数暴涨,当日共成交 817 套,成交均价为 1.98 万元/平方米。

在深圳、上海、广州、长沙、天津等一二线城市同步出现了二手房的抢购潮。深圳二手房成交量单日超过了 1200 套,天津超过了 1000 套,长沙超过了 300 套。

而在 2013 年 4 月~5 月,大量地方政府"国五条"细则出台后,当地二手房成交再次回归平静。这时新房房价的不断上升,让需要在市中心买房的刚需们,看不到降价的预期,6 月份又掀起二手房抢购狂潮,根本不顾 20% 的个人所得税。这种购房者的情绪指导下的购买力波动,完全与 2013 年初房地产调控加强版所带来的市场波动相吻合。2 月底,国务院出台"国五条",房地产调控加强。3 月底,各地出台落实细则,经过 4 月份的观望,市场在 5 月按捺不住对房价暴涨预期的情绪的突然爆发。这正是欲擒故纵的战略手法的大胜利。

紧跟节奏的是从 5 月开始,地王陆续在多地登场。先是在长沙,5 月 3 日,长沙一个地块拍出 35.79 亿元的高价,一举成为长沙的总价地王。

接下来是广州和上海,轮番拍出地王。广州在 5 月出现 3 个"地王",其中一个地块楼面地价高达 3.5 万元/平方米。而在上海,5 月竟相继出现 8 个地王。5 月 9 日,出现楼面单价地王,楼面价超过 4 万元/平方米,这是上海 3 年以来的楼面地价新高。5 月 29 日,另一地块以 46 亿元的价格成为总价地王。

进入 6 月,南京、武汉、重庆等城市胜利相继拍出地王。这些二线城市的地价正是受到了上海、广州、北京等城市土地市场"鼓噪呐喊,疑兵惊之"的影响。总之气氛热烈,让地王的势头在进入流火的 7 月之后依然强劲上升。北京夏家胡同地块毫不意外地成为地王。这个地块的楼面价已经到 4.2 万元/平方米,而之前万柳地块楼面价为 4.1 万元左右。

紧密相合一环扣一环的波浪上涨对于政策制定者和执行者来说,是一场醍畅淋漓的高位套现战。对于气喘吁吁就怕跟不上房价上涨步伐的"刚需"来说,不知何时会发现自己追逐的是一个房产破碎的日本梦①。1989 年三菱地所花 2000 亿日元收购了美国的洛克菲勒大楼,在大楼的最高处日本国旗迎风招展,让世界无不为之惊叹。大量来自金融机构的贷款热血沸腾地涌入房地产市场,比如日本银座的地价,在 1987 年一年中涨了 40%。同一年,东京的房价也涨了 53%。公司职员们再也按捺不住,人人担心房价不断涨上去,急切地向银行贷款买房子。天下商人一般黑,日本的房地产开发商们组织一帮无业人员扮成购房者深夜排队,由此掀起了声势浩大的全民购房壮举。1993 年日本经济泡沫破裂。银座地价暴跌六成,原先 1 亿日元的房子跌至 4500 万日元。高高兴兴搬入新家没多少日子的白领们,一夜之间变成了"房奴"。美国人从三菱地所手中买回了洛克菲勒大楼,净亏

---

① 1989 年的日本梦。

了近 1000 亿日元。虽然 1989 年时日本政府感觉经济泡沫非常可怕，立刻急刹车施行了紧缩货币政策。一个被吹得过大的气球必然会爆，但是就在它爆的前一刻再加一个压迫的外力，内外夹击下爆破的威力远大于单一力量的爆炸。日本的经济泡沫人为加了外力，于是爆得更猛烈了。

随着日元套利空间日益缩小，国际资本开始获利撤离。由外来资本推动的日本房产泡沫破裂，在 1990 年 9 月就显现出征兆：日经股票市场平均亏损 44%，相关股票平均下跌 55%。到 1993 年，房地产经济开始全面崩溃，日本 21 家主要银行宣告产生 1100 亿美元的坏账，其中 1/3 与房地产有关。日本房价下跌了 50%。

紧缩政策戳破了泡沫经济，给日本经济带来巨大的损害，股价和地价短期内下跌 50% 左右，银行形成大量坏账，日本经济随即跌入长达十几年的衰退深渊之中。

现在中国大型房地产商和大型国企们联合在北上广疯狂拿地，制造北上广房价、地价的火爆，但他们投入的资金却区区 2000 亿，就拉动中国中产阶级大量"刚需"踊跃进场高位接盘。二线城市跟着水涨船高也出售了大量土地，但三四线城市却没有那么幸运。这些房地产市场的异动是在完成中产阶级高位接盘的过程。

第7章　企业在钱荒和高税负下死去

　　众所周知中国地方政府的财政来源主要是房地产和土地出让金。但是,这种来源伴随着过度开发,和鬼城不断出现。地方政府的土地财政来源正在从四五线城市开始萎缩,向中心城市蔓延。所以,占小头的地方政府的另一项收入税收,被提到了重点发掘的地位上来。

中小企业政策性钱荒

　　中国是政策主导的国家,中国经济就像漂泊在湖面上的小纸船,中央一个政策,就像湖面上不同等级的风,小船就只能听天由命。所以当全国各地的中小企业几乎都面临着同样问题的时候,资金链就会断裂,这时才能证明风向是不利于中小企业的。

　　在江浙一带、珠三角、中西部等中小企业密集的地区资金链紧绷,融资难、融资贵的问题爆发性上演,高利贷、担保圈危机、票据融资空转等众多问题已经演变成了危机。

如今很多中小企业正处在生死存亡的十字路口,或者已经被迫退出市场,而且中小企业在融资方面越来越艰难,"4万亿"风头过后更是一年比一年紧,现在的危机程度反而远远超过了2011年。相对2013年,2011年中小企业的噩梦仅仅是刚刚开始。进入2013年,媒体对中小企业因饥饿而慢慢死亡,或者退出,或者规模缩小不再给予强烈的关注了。2012年年底的数字显示,温州地区规模以上企业同比2011年,出现停产、减产情况的高达60%,更不用说其他地区的中小企业情况了。

2013年以来,还能跑在温州马路上的豪车越来越少,平时满街招摇过市的豪车炫富无不让人感到厌恶,但如今失去了豪车的大街小巷,不禁让人感到阵阵悲凉和恐慌。老板手里没钱了,把豪车卖到二手车行了,不卖掉也会被追债公司抢走冲债。

温州当地的房价更是率先加入鄂尔多斯式崩盘的行列。在一个城区中相对偏僻的地方,2011年的房价最高达到4万多,而现在只有1.4万元左右。温州同时出现的是众多中小企业当前的资金困境。它们能够获得短期流动资金支持的渠道非常有限,中长期更加没有。

银行就是中央政策风向、风力的传播器。各地银行和企业之间的关系达到了最为恶性的斗智斗勇的时期。银行为了回笼资金,就欺骗一些企业,说可以先还贷再继续贷款,但企业一还完贷,银行就万事大吉以各种理由再也不贷款给企业了,以抽贷、压贷的方式让中小企业处于逆风行驶之中。被骗过几次,中小企业连银行利息也不归还了。银行在这种状况下根据不可抗拒的风险,反而变本加厉地大规模抽贷、压贷,使得企业的资金链更加紧张,让本已是逆水行舟的中小企业雪上加霜。

占据中国金融体系最多资源的银行系统,在面对中小企业资金危机时,首先想到的是自己泥菩萨过河的生存困境,中小企业倒闭成为难以逆转的大格局。现在再不急着收回资金,再去放贷,无异于自寻死路。

中小企业尤其是优质中小企业对资金需求十分强烈,资金问题已经成为制约中小企业成长发展的关键因素。对于极具顽强生命力的中小企业来说,如果这方面的制约能够解除,中国很多中小企业的产能和销售额都能提高 30% ~40%。

企业正在加速度倒闭,倒闭数量更是很难统计。从政府统计口径来看,企业倒闭要按照注销清算掉的来算,但是很多企业事实上已经破产,业务也已经进入停滞状态,这样的企业属于僵死,但并不纳入统计范围。

不过这些"僵死"企业中,有些正通过关系人代持来转移资产,将公司实质资源"金蝉脱壳"来逃避原有债务。

2012 年捉襟见肘的资金紧张愈演愈烈,是单个企业资金链出问题,进而互保圈出现系统性风险,而从信用体系的角度来讲,首先是企业因资不抵债后信用丧失,而现在企业主身上则批量暴露出了高危风险。

钢贸企业出现的信贷危机,甚至已经频频出现的钢贸企业破产、"跑路"潮,现在正让商业银行们感到深受其害。

截至 2013 年 6 月 9 日,在上海各级法院开庭审理的针对钢贸商的金融借款等纠纷近 600 起,其中北京银行、光大银行、工商银行等各占数十起。有银行人士称,已经将坏账处理中心放在上海,因为坏账主要构成来自于华东地区的钢贸。①

中小企业的税费成本竟然达到了其营收 50% 以上。在经济上行期税负较重对中小企业不会导致生存问题,但税负重的问题在 2013 年却演变成最后一根稻草。2013 年地方政府的税收整体增速减缓,这就加大了非税收收入,许多地方政府的非税收收入大幅增加,意味着中小企业被抽血。2013 年上半年的数据显示,有些地方的税收收入只增加了 10% 左右,但是非税收入却增加了 30% 以上,以前的一些费用减免政策更是不可能再执行了,这些无非又都是转移到了中小企业的税负成本之上。在税负成本加大的背景下,中小企业的资金链又是加大了扯断的力度。

长乐是福州市下辖的一个县级市,人口 66 万,海外侨胞、港澳同胞近 30 万,民间资金雄厚,钢铁投资几乎是牵涉当地百姓最多的一个行业。长乐人在全国各地投资的钢铁厂多达 500 多家。

钢铁全行业低迷曾经出现在 2008 年金融危机期间。那个时候钢材价格持续了 3～4 个月的低迷期。4 万亿投资计划出台后,2008 年的时候,钢铁产能就严重过剩了,过几个月时间,市场一下子就供不应求,行业突然就不过剩了。

钢材供不应求,一直涨价,一个月涨 2～3 次,只要有库存就赚钱,持续了近两年时间。2008 年建筑钢材 4000～5000 元/吨,好的时候,

---

① 资料来源:《经济观察报》。

一吨就有 1000 元的利润,长乐钢铁行业投资的合理利润水平一般在
200~300 元/吨。

从 2011 年 10 月份开始,市场就开始不好了。现在没钱赚,能保
本经营就不错了,基本是保本、微利或处在盈亏边缘。前几年赚钱的、
靠自有资金运作的还可以维持,负债率高的企业就坚持不住了。

年产 500 万吨的有 5~6 家,200 万吨的在 30~40 家左右。在区
域分布上,长乐人投资的钢铁厂以江苏、山东、河北、山西、云南、广西
等省份为多。来自全国工商联中小冶金企业商会的统计数据显示,
2012 年民营钢铁企业产量达 3.62 亿吨,占全国钢铁产量的 50%。

长乐人投资钢铁厂,基本以家族为核心,亲戚朋友集资入股,多则
几百上千万,少则 5 万 10 万,全凭熟人熟面,无入股凭证,且投资圈不
断外延。有的人还不知道钱是投给谁,只要其中一个环节把钱吞掉,
后面的就拿不到钱了。

位于渤海湾西侧、隶属河北第一经济强市的唐山,规划面积 380 平方
公里的曹妃甸工业区,自 2003 年启动开发建设以来,累计填海造陆超
过 230 平方公里,总投资超过 3000 亿元,高峰时期号称日均投资 4 亿
元,一度被称为"中国最大的单体工地"、国家级循环经济示范区。

几乎与中国所有的新区开发一样,曹妃甸开发采取的也是"管委
会+融资平台"的借贷负债开发模式。但对于千亿元级天量投资的曹
妃甸而言,"注资—负债—再注资"的循环模式,显然难以支撑。唐山
曹妃甸工业区烂尾巨额债务每日利息超千万。

另一个被提及的原因就是 4 万亿刺激政策。4 万亿投下来,那段
时间银行银根放松,很多企业过度投资,或者过度投机,现在大的货币

环境一变化，造成了企业资金困难甚至破产。

就像曹妃甸，4万亿刺激政策一推开，银行为了完成贷款任务争着抢着给曹妃甸贷款，中交集团旗下上海航道局、长江航道局、广东航道局、天津航道局齐聚曹妃甸，争着垫资填海造陆，形势推着人大干快上。中央政策由宽变紧，有意调结构压缩产能过剩，曹妃甸的资金就成了问题。中国大地上到处上演了曹妃甸式的悲剧。

看到现在姗姗来迟的调结构的转型运动，无不让人"懊悔"2008年、2009年中国经济到了本该拥有的一个转型期，但是当时政府选择了一条产能过剩的道路，4万亿投资一下堆出来，把产能过剩的恶果推向了下一届。4万亿后，没有新的"4万亿"就意味着全国到处都是曹妃甸。

为税收央行不降息保国企套利

"4万亿"后的2008年、2009年，中国的经济体首次开始进入了负债型增长模式的信贷再次大量释放到低端，产能过剩严重蔓延，地方债、影子银行空前膨胀。进入2012年，决策层认为信贷的大量释放，危机重重难以为继，中国的信贷出台政策迅速收缩，大量债务结算开始进入了结算期。银行的存款，经济发展速度在减慢。债务结算遏制了大量的资本流向市场，暴露了大量坏账。民营企业发展在萎缩，这样会使银行存款更加减少。银行存款减少的后果就是，银行放贷热情下降。中国的存贷比在国际上相对严格，大型银行和商业银行的存贷比都进入了紧张状态。已经扩张的中小企业一下子进入了贷款的寒冬。2012 年 GDP 增幅迅速下降到 8% 这个警戒线以下。对于中国经济 7.8% 的 GDP 是危险的信号,这时所做的是减税,但就在 2012 年税收占 GDP 上升到了 21.3% 的历史新高。2012 年的税收增幅下降到了 11.2% ,但税收量也是创纪录的 6 位数,2012 年也是中国地方政府把过头税的黑手伸向中国中小企业的一年。

表 7-1 我国 2003-2012 年历年 GDP 增长率

年份	税收 (亿元)	税收增幅 (%)	GDP (亿元)	GDP 增幅 (%)	税收占 GDP 比例 (100%)
2000	12581.51	–	99214.6	–	12.7
2001	15301.38	21.7	109655.2	8.3	14.0
2002	17636.45	15.3	120332.7	9.1	14.7
2003	20017.31	13.5	135822.8	10.0	14.7
2004	24165.68	20.7	159878.3	10.1	15.1
2005	28778.54	19.1	184937.4	11.3	15.6
2006	34804.45	20.9	216313.4	12.7	16.1
2007	45621.97	31.1	265810.3	14.2	17.2
2008	54223.79	18.9	314045.4	9.6	17.3
2009	59521.59	9.8	340506.9	9.1	17.5
2010	73202.00	23.0	397983.0	10.3	18.4
2011	89720.30	22.6	471564.0	9.2	20.0
2012	110740.00	11.2	519322.0	7.8	21.3

在美国,资产证券化的规模是很大,美国资产证券化比例超过 GDP 的 50% 。资产证券化才是市场的重要融资方式,资产证券化规模占 GDP 比重连续 10 年在 50% 以上。2012 年年底美国资产证券化

规模约 8.96 万亿美元,占 GDP 比约 55%。其中 MBS 存量规模约 5.66 亿美元,占资产证券化总规模比的 65%,CMO 存量规模约 1.23 万亿美元,占资产证券化总规模比 14%,ABS 存量规模约 4651 亿美元,占资产证券化总规模比 5%。

再看中国资产证券化的规模,相对美国就很小,不足百亿人民币。美国的财政负债也很高,与我国地方负债持平,美国经济增长速度 3%,我国的经济增速远远高于这个水平。我国的人均 GDP 还很低,相比美国大概有 10 倍的增长空间。我们的金融业没有很好地服务于整个经济,也没有很好地服务于现在市场上的人才。我们需要的是发展衍生品,玩转金融市场。如果有健全的虚拟经济市场,过头税就不会在经济下行期的时候杀死中国中小企业。

在纳税方面中国中小企业和国企也有着巨大的差异,在《国务院国资委 2009 年回顾》中,国资委首次对外公开发布的年度回顾中称:2002 年到 2009 年,中央企业上缴税金从 2915 亿元增加到 11475 亿元,年均增长 21.62%,累计向国家上缴税金 5.4 万亿元。国有企业的税负明显高于其他类型企业,近年来税负均值为 27.3%,是私营企业税负综合平均值的 5 倍多,是其他企业中税负最高的股份公司的税负平均值的 2 倍。从资产的税收产出效率看,在占有同样单位的资产量时,国有企业提供的税收额要高于各类企业约 45%;从人力的税收产出效率看,在占有同样单位的就业人数时,国有企业提供的税收额要高于其他企业约 190%。

且不论数据的真实性,国企才是国家的纳税主力,所以要保证税收就要保国企,为了保证国企不破产,央行就不能降息。进入 2012 年以来,国企的收入越来越多是来自于财务收益,而不是来自主营业务。

金融服务体系主体架构仍然是瞄准着大型企业。银行认为中小企业贷款监控成本高风险大,没有政策保障就不愿放款。这时由于货币紧缩使得中小企业更加难以通过正规银行渠道融资,越来越多的国企正在利用手中多余的现金,间接地向中国地方融资平台投放,通过这种融资平台的渠道,悄然进入金融业市场。据估计,影子放贷机构当中有90%为国有企业。地方债市场每年的资金流量可能已达2万亿之多,相当于GDP的5%左右。

如果这时央行一降息,地方政府和民营企业就不用向银行借钱了。国企这样的权贵就失去了寻租的空间。国企没有寻租的空间,那么税收就会大幅减少。中国维稳的钱超过军费,这个钱来自于税收。军队和城管的运营成本来自于稳定的税收。

无论是明朝、清朝,放高利贷的都是权贵。现在的情况与明清无异。国企在市场上变相地放高利贷,这也是为什么国企"后4万亿的紧缩时代"的收入大部分来自于影子银行、地方债平台的财务收益,而不是主营业务收入,主营业务不过就是利用垄断而带来的高油价、高电价、高通信费等百姓过日子离不开的服务和产品。

明朝时作流民是要杀头的,土地都是被权贵控制的,农民辛苦种地一年都没有办法交足租钱,农民只能离开土地,但是离开要杀头,所以只能像流寇一样的去逃亡。另一方面,权贵阶层在这种寻租和剥削中发展壮大。清朝发展到中后期也是如此。现在我国的发展也是一样的,国企这样的权贵越来越壮大,逐渐会将市场上的中小企业折磨致死。

国家税务局局长王军在各省(区、市)国税局主要负责人会议上发布了 2013 年上半年税收收入增长情况:虽然总体低中趋升,但结构性矛盾较为突出,中央级收入和地方级收入增幅差距较大,地方级收入中房地产占比过高,地区之间收入增长不平衡。下半年税收收入形势仍比较严峻,有利因素与不利因素并存,完成全年收入任务面临诸多困难,要稳中有为地完成全年收入任务。

一些本不应该交的税,在执行中往往变成必须交的;一些应该就低(税率)的税,也变成了必须就高的税;本不应该罚款的行为,变成了必须缴纳罚款才能了结;本来该低罚的违规行为变成了必须高罚。

经济到了现在这种急剧下滑的状况,地方政府对财政收入比对 GDP 更加重视了,GDP 数字可以做到但不可以花,财政收入收到的真金白银是落到口袋的真实好处。

2013 年二季度我国 GDP 增速回落至 7.5%,国民经济运行呈现下行态势。财政部公布的上半年全国财政收支情况显示,全国公共财政收入同比回落 4.7 个百分点。

地方政府部门在制定税收增长目标时,并没有考虑到今年特殊的经济形势。以山东临沂为例,早在 2012 年,临沂政府喊出了"三年倍增计划,实现县域地方财政收入在 2010 年基础上 3 年翻一番,争取到'十二五'末 8 个县地方财政收入过 15 亿元、3 个县进入全省县域经济 30 强"。

为了完成财政收入计划,当地政府出台系列鼓励措施,如对当年地方工商税收增量过亿元且增幅 25% 以上的前 6 名县区,市级一次性奖励 200 万元。但在经济下行、税收放缓的背景下,税收目标仍难以保障。

　　针对经济下行财政收入压力大，一些地方政府打起了企业的主意，开始征收"过头税"。2013 年 7 月，中国国家税务总局多次提出"稳中有为地完成全年任务，坚决不收过头税"的口号。避免突击收税，切实保证依法征税。财政部也表示，各级财政部门要有效应对财政收支矛盾突出的局面，大力支持税务、海关部门依法征管、应收尽收，坚决制止收"过头税"。但我们不难发现，国家部委对禁征"过头税"的警告数量与地方征收"过头税"的程度总成正比。实际税收指标却还是按照连年递增的方式收取。调研到哪里哪里的过头税就曝光，没调研的就没曝光。但是过头税却在全国全面铺开。

　　"过头税"通常是指了完成税收任务，然后再过分地向民间收取的做法，分为有时间上的过头和幅度上的过头税两种。时间上的过头是指，税务专管员为了完成税收任务，把来年、后年甚至是以后更多年份的税收提前收了上来。而幅度上的过头就更不人道了，本质就是编个说辞动用国家机器抢钱。甚至提出"一讲政治就能完成"的口号。

　　2013 年，中钢协对 80 家会员企业的财务统计中税款的应缴额和实缴额进行了统计，80 家会员企业应缴税款 899.64 亿元，但实缴 980.18 亿元，超缴税额 80.54 亿元，超缴率约 9%，而这些大多都是在预交 2013 年的税费。钢铁行业的效益本来就是严重的产能过剩，如此征税致使亏损情况更加突出，地方税务部门任何企业惹不起，钢企也只能忍气吞声，当然这是在还有钱可支付的情况下，否则会以死掉的方式交给地方政府一个财务黑洞。

　　地方政府每年招商引资，看到大项目落地投资，认为税收会有新的增长,但这些企业可能一两年内无法实现税收,这样就形成税收任务和实际的落差。

某贫困县税务局局长表示,由于房地产行业不景气,全县有 200 多家玛钢、扣件企业,有 170 余家都停了业,很多小企业已经停工。一些企业说停就停了,剩下的原料贱卖给同行,同行也在摇摇欲坠中等待春天的到来。有企业被要求预交几十万的税款,资金流断了,只得向银行贷款交税。贷款又贷不到。经济衰退的背景下,地方税收减少,实际上很多小企业为预交税不得不过上了向银行贷款交过头税的日子。

在一个不发达地区,某县则受汽车行业影响比较严重。该县没有大的龙头企业,几百家汽车配件类的五金机电代工企业,占全县国税的七八成。2013 年以来,上游汽车企业经营不景气,处于下游的企业受影响严重甚至关门停业。在汽车配件市场没有哪家可以做全所有配件,部分倒闭就意味着剩下的配件厂不能提供全面的服务而必然倒闭。

越是不发达的地区,企业的生存状况越是单一,抗风险能力越低。由于全面的萧条,企业订单比往年明显减少,在产业链中的一些供货更小规模的企业纷纷倒闭。这就意味着产业链一旦破裂,就会造成整条产业链死亡。本来不发达地区的财政收入来源就相对较少。如此一来纳税更加减少,政府对过头税就更加渴望。这样的食物链就更加容易断裂。

即使是经济发达地区的中小企业同样被过头税逼得没有活路。2013 年 7 月浙江省人大财经委的调研报告指出,上半年温州规模以上工业企业 60.43% 出现减产停产,而前 5 个月这些企业在利润下降

19% 的情况下,应缴税金总额仍增长 1.9%。一上一下背道而驰。根据官方数据,温州市 2013 年上半年公共财政预算收入 166.7 亿元,同比增长 1.9%,其中,税收收入 148.1 亿元,同比减少 0.1%,非税收收入 18.6 亿元,同比增长 20.7%。但是当地经济条件名列前茅的区县 2013 年的财政收入增长指标依然同往年一样,接近 20%,"要完成今年任务,只能严征管,催缴往年欠税。"在国家指标和地方一把手政绩考核的压力下,经济下滑期"过头税"成头号增收选择。

面对税务部门的催促,几乎所有中小企业都会寻求购买发票、不作账等"避税"方法,"但税务局都很清楚,只要查账,一查一个准,查到就罚款。"2002 年之后交税都是有系统的,每个省已经联网,欠税都被监控,经济好的时候管得松,指标达到了就不管了,现在达不到就要补上,并且正在和国税、电力、社保等进行数据交互。人类迎来的大数据时代带来便利的同时,也成为中国中小企业企图自保之路的绊脚石。而且,根据《税收征管法》规定,企业还要缴纳滞纳金,即从应当缴纳税款次日起每天万分之五,一年 18%,最多一倍。越是经济差,税收征管越是严苛,尽管补交的其实是纳税人应缴的税,但这种随意性体现的是税务部门的自由裁量权,成为了过头税滋生的沃土,民营企业的行政性费用涉及 30 多个部门,70 多种费,大部分都是巧立名目的过头税。

这时非税收收入增长加快,行政执法部门的处罚收费力度开始加强。2013 年以来,温州当地市民明显感觉汽车交通罚款多得"离谱","停在规定范围内的车子,哪怕轮子擦着边伸出一点点就被罚了几百块。"

税收靠企业,养老靠企业,就业靠企业,企业在,地方政府在,企业亡,地方政府就没有收过头税的名目。

这就和我们养猫一样,今年"税收"特别多,到我们家收一切他们能想到名头的费用,比如城管中有一类临时工是自负盈亏的是要自己收钱养活自己的,自然也就成为我们流浪猫之家的常客了。比城管级别高级的政府官员收流浪猫"猫头税"的时候往往会派中间人,先是宣读政府文件晓之以理,然后是口头威胁动之以情。中间人还说他们是不要钱的。我很困惑怎么个不要钱,开车带我们去银行取的不就是人民币吗,怎么还说不要钱呢?原来他们的解释是,这钱拿了去请客吃饭、买烟、泡澡、去 KTV 的,是请另一部门"保佑"我们流浪猫的。另一部门又来了如法炮制拿了流浪猫的猫头税再去请其他部门保佑我们流浪猫。这个就是开始爆发在 2013 年 7 月的过头税在我们身上的体现。

不过也听媒体爆出《河南西平县强征 5 亿社会抚养费 超生户被逼上吊身亡》。也是发生在 2013 年 7 月,在一个夜晚,河南驻马店市的全国"百强县"西平县,发生了一起惨案。西平县年仅 33 岁的王茹萍在自家刚盖好的新房房梁上,用一条绳子结束了生命,留下 11 岁的女儿和 5 岁的儿子见证人间"过头税"。

西平县所有的党政机关、社会团体和企事业单位有超生子女的干部职工,均需再次缴纳高达数万元的超生子女社会抚养费。虽然他们在子女未出生或出生之际,都已依法缴纳过一万到两万的罚款。农业大县西平县小麦大幅减产经济形势非常不好。上半年西平县的财政收入仅 2 亿多元,去年上半年财政收入是 2.5 亿元,同比下降 20%。

上半年这 2 亿已经是压榨来的中小企业过头税了。下半年和日后哪里还再有什么企业过头税。"依法收取抚养费"也是地方财政没有办法的办法。原计划于今年 5 月底向西平县所有教师补发的40 个月绩效工资,一直未被提起,不知 5 亿抚养费里有没有补发工资的额度。

地方政府的财政收入实在没办法的时候就什么办法都必须想了,他们不但愁的是日常开销的无米下锅,最让他们恐慌的是他们挪用民众的养老金、集资款谋私利的窟窿堵不上败露出来,他们会被双规判刑甚至处死的,所以他们必然会利用国家机器来加紧掠夺,他们的所作所为也是为了自保。银行对中小企业的收贷的各种手段也是为了自保。

第 8 章　正确对待地方债否则引发世界大动荡

地方债是中国的省级、市级、县级、乡级、镇级、村级五级政府欠的债务。有企业、有老人、有地卖的地方就有政府,有政府的地方就有地方债务,他们的债务主要由三部分组成:1.地方政府负有偿还责任的债务;2.地方政府负有担保责任的债务;3.地方政府其他相关债务。

地方政府债务"债权人"主要有三方:银行、地方债券持有者、其他单位和个人主要还包括养老金。

银行是"最大债权人"。在 2010 年年底地方政府性债务余额中,银行贷款占 79.01%;截至 2012 年年底,36 个地区的地方政府性债务余额中,银行贷款占 78.07%。

对比 36 个地区 2010 年年底、2012 年年底的债务余额发现,两年来银行贷款占比下降 5.6%,因为地方政府的违规集资、变相融资,金额高达 2181 亿。所以,地方债券债务余额、其他单位和个人债务余额,分别增长 62.32%、125.26%。

2013 下半年，大约 1270 亿的地方政府性债务到期，为 2000 年以来最高。2014 年到期的债务达 2088 亿元，比 2013 年增加 10%。数千亿的债务进入偿债高峰期。政府一纸批文可以让地方债展期，可紧迫的国内国际形势还容许地方债展期吗？

地方债不因规模未超发达国家而可控

地方债顾名思义，地方政府发行的让当地企业和个人购买的公债，简称"地方债"。它是地方政府在企业的税收不够花和断绝来源的时候，为了建桥、修路、三公、养公务员、还欠债有钱可花时筹措的财政收入。地方债有浓郁的地方色彩。根据各地经济发展速度不同，地方债的表现形式也不同，偏远不发达地区针对民众投资意识不强，往往采取单位强制购买的方法；发达地区在高利率的吸引下资金就主动来了。

地方政府债券是地方政府在承诺自己有信用原则、可以承担还本付息责任的前提下，才有了筹集资金的债务凭证，本来是指有稳定财政收入的地方政府及地方公共机构发行的债券。但 2008 年以后，地方债成了大家凑钱拆了自家的锅"大炼钢铁"的闹剧。

"4 万亿"风头过去后，伴随着经济的下滑，地方政府税收收入以及出卖土地等预算外收入明显下降。地方政府财政平时就存在缺口，此刻一下变成了即将决堤的堰塞湖。

从法律规定来看，中国的《破产法》规定，可以申请破产的只有企业法人。因此，对于企业的债务，国家有足够的理由，让投资者自己承担风险。但是对地方政府,既然不允许其破产,那么地方政府债券所具备的安全性就是一个金字招牌了,除非国家让地方政府破产。此外,还有一点重要的诱惑力,投资者购买地方政府债券所获得的利息收入一般都免交所得税,在高税收的中国,这对投资者有很强的吸引力。

虽然民众购买的债券不破产和免交所得税,也可以永远不被注销,但同时,也存在着永远不能被兑换成货币和购买力的可能性。

网络时代的地方债是在全国性的公开交易市场进行发行和交易的。这同地方政府在当地小范围的集资或者是变相向银行贷款情况不同。这使得若地方政府债券无法到期偿还,会对中央政府和央行造成连坐、互保后的连带责任。作为地方政府,毕竟掌握着大量的资源,因此一定会想方设法安排债券到期后的及时清偿,比如变相向银行进行贷款暂渡难关等。

如果地方政府不能及时偿还到期债务,想再继续融资还旧债,就会因为民众不信任而举债无门,难以为继,公务员的职位、工资、福利会成为首先被削减的包袱。

20 世纪 80 年代末至 90 年代初,许多地方政府没钱花的时候,都发行过地方债券。有的甚至是无息的,以支援国家建设的名义摊派给各单位,更有甚者就直接充当部分工资。但到了 1993 年,这一行为被国务院制止了,原因是对地方政府承诺的兑现能力有所怀疑。此后颁布的《中华人民共和国预算法》第 28 条,明确规定"除法律和国务院另有规定外,地方政府不得发行地方政府债券"。当然,1993 年后,改制后的地方政府可以通过卖地、卖国企过豪华的日子了,地方债券成了费神费力还要还的"多余"收入,地方政府也就不用再把精力用在以各种手段各种名目卖地方债了,他们转而动脑子去卖国企和土地。

但2008年金融危机后地方政府又入不敷出了,于是在2011年10月20日,地方政府"自行发债",又开始靠集资度日了。财政部公布,经国务院批准,2011年上海市、浙江省、广东省、深圳市开展地方政府自行发债试点。广东省2011年的地方政府债券额度为69亿元,上海市、浙江省和深圳市分别为71亿元、67亿元和22亿元,四省市合计229亿元。

与此前财政部代理发行不同的是,这四个省市将自行组建债券承销团,具体发债定价机制亦由试点省市自定,而不是由财政部面向国债承销团,采取统一代理的方式分期打包发行。虽然地方债发行额度不大,不会对债券市场造成供给冲击。但地方债的名目是繁多的,只不过是地方债有国家批准的身份而已。

数据显示,2012年全国财政收入累计达到11.72万亿,比2011年增加1.33万亿元,增长12.8%。全年财政支出12.57万亿元,增长15.1%。收入与支出增幅相比于2011年的24.8%和21.2%,均有明显下滑,所以,早已知道真实数据的国家批准发地方债势在必行。

单从审计结果来看,我国地方政府性债务风险总体数量不大。从债务规模看,至2010年年底,负有偿还责任的债务余额与地方政府综合财力的比率,即负有偿还责任的债务率为52.25%。跟其他发达国家比,如果负有担保责任的债务全部转化为政府偿债责任计算,债务率为70.45%,低于100%的警戒线。从基本数据来看,中国目前的债务水平确实较日本和美国低。

但是,发达国家债务毕竟是上百年,几十年积累下来的债务。而中国发地方债的背景完全不同,中国的地方债以遍地开花的速度在蔓延。如果地方政府能以这样的速度一直发下去,未来五年,中国的地方债规模有可能突破 30 万亿元甚至更多,如果五年内地方政府的财政收入增长不能赶上地方债的增长速度,则显性风险将急剧上升。

如果 20 多年来,我们地方政府自身制造业实力和土地财力增长进入到了可持续稳步发展阶段,偿债能力、偿债条件很成熟了,逾期违约率可以一直处于较低水平后,再来发行地方债为民众保值,此时,是可以为地方经济锦上添花的。

而我们的地方债,却是为了"4 万亿"的灾难埋单的。如今,不少地方政府已开始借新债还旧债。根据中国国家审计署公布的数据,地方政府在 2012 年须偿还的债务高达 1.3 万亿元,预计 2013 年需要偿还的债务将达 3 万亿元。而商业银行去年迫不得已将不少贷款展期,而且数额高达 3 万亿元人民币,这是向市场发出系统性金融风险开始累积的信号。

从债务结构看,中国的地方债债务以内债为主。2010 年年末,地方政府性债务的债权人主要以国内机构和个人为主。

根据中国国家审计署的数据,2011 年中国的中央政府债务率仅为 25.8%。但综合考虑中国的中央政府债务(包括中央财政债务、四大资产管理公司债务、铁道债)和地方政府债务(包括省市县乡镇地方政府债务、养老保险隐性债务、地方公路债务)计算,则 2010 年中国的广义政府债务率为 59.2%。相较于美国 100% 以上的债务率以及日本高达 227% 的债务率,目前中国债务水平在国际惯例的临界点之下。

在人均 GDP 安全边际之内,还具有长达 10 年的债务扩张空间。

但是,考虑到未在统计之列的灰色地带,无法估计债务的规模,且由于统计口径、数据来源和不同领域债务规模估计之不同,对债务规模的估计也有很大差异。因此,中国的广义政府债务占 GDP 比重估计已达 75%,甚至更高。

2008 年开始,地方政府建立了许多平台或者是公司,从中国银行业获得巨量的贷款。大量的地方政府的负债规模已经超过自己的 GDP 的规模,更重要的是,许多地方政府在 2008 年～2009 年获得的贷款的利息支付水平相当高。目前,多地方政府的利息支付在 8%～9% 的水平,就算是管理得非常好的了。其余普遍都在 10%～12% 的水平。

中国的地方债务本不是致命性问题。然而在欧洲经济危机已经开始失控爆发的同时,日本银行采取了日元贬值的策略,美联储在削减 QE 规模和美国政府的财政在紧缩……这些才是致命性的问题。

在面对如此巨大外部冲击的时候,我们却提出了进行结构性调整,把 GDP 增长的目标确定在 7.5%。甚至,我们的经济学家拼命反对政府再推出 2 万亿用以财政扩张。在 2008 年的时候,他们却是拼命要推出 4 万亿财政扩张!当年的 4 万亿财政扩张政策,引发了今天多地政府陷入了灾难性的债务危机中。2008 年美国经济陷入了灾难性的债务危机中,中国为什么要推出 4 万亿财政扩张政策去拯救美国经济呢?如今,是要拯救中国地方政府不要崩盘的时候!而中国地方政府债务一旦崩盘,中国广大民众及公务员将陷入失业大潮!

中国加入 WTO 以后,经济进入了大发展时期。像是少年走向青年的过程,无论是否饥寒交迫都能完全生长,但是完成了这个自然生长周期,身体再生能力就不再那么强大了。需要合理的呵护了,如果继续野蛮对待,就只能是死路一条。

今后将是地方政府债务偿还的高峰期,对于中国地方政府债务风险还需理性对待。

近 30 年来,全球发生了很多次经济危机,这些危机几乎都与债务有关。以前的危机主要集中在发展中国家,原因是发展中国家大量举债发展民族经济,由于投资巨大而效益低下,造成无力还本付息,最终演变成债务危机。而最近几年的债务危机则在欧美等发达国家展开。欧元区国家爆发的主权债务危机引起了世界各国对合理债务负担水平或能承受的最大债务警戒线的探讨,而美国财政悬崖的根源也被认为是不断调高政府债务上限所引起的。幸运的是,中国似乎总能从一次次危机中走出来。但随着中国地方政府性债务规模的扩大,也引发了人们对地方融资平台风险问题的关注。据有关机构测算,截至 2012 年年底,中国地方政府债务余额约为 15 万亿元,而接下来的一年,是各地政府债务偿还的高峰期。一时之间,关于中国债务危机爆发的言论甚嚣尘上。

现在是中国地方债务偿还的高峰期,同时也是中国制造业发展的瓶颈期,再加上紧缩的打压,丧失了提高中国各级政府和普通民众可支配收入的能力。美国在能源上获得了绝对自由和低成本,不需要中国这个高碳排放国家制造的商品了。美国会以碳关税等名义卸磨杀驴,此时中国地方债自己不解决就将无解。

第一次世界大萧条爆发在 1929 年 10 月,第二次世界大萧条爆发在 2008 年 9 月,第三次世界大萧条难道即将爆发在中国地方债集中到期的那一刻?

如今,地方政府性债务管理的风险隐患、债务规模增长较快,有 4 个省和 8 个省会城市本级增长率超过 20%;9 个省会城市本级政府负有偿还责任的债务率已超过 100%,最高达 189%。债务偿还过度依赖土地收入,高速公路、政府还贷二级公路等。债务规模增长快、偿债压力大、借新还旧率高;一些地方通过信托、BT(建设—移交)和违规集资等方式变相融资问题突出,隐蔽性强、筹资成本高;融资平台公司退出管理不到位,部分融资平台公司资产质量较差、偿债能力不强;一些地方还存在违规担保、违规融资、改变债务资金用途、债务资金闲置等问题。

再看看中国规模快速增大的城投债。城投债又称为"准市政债",是地方投融资平台作为发行主体,公开发行的企业债和中期票据。相对于产业债而言,城投债所募集的资金主要是用于城市基础设施或公益性项目。但在实际运行中,城投债和地方政府往往存在或有债务关系。城投债有政府信用背书,政府对城投债的隐形担保,使得人们对城投债的信用等级又多了一层保障。因为很多城投公司是政府参股的,一旦城投债不能及时偿还,一般会以政府的财政作为担保,进而由政府来偿还,对债务本身来说,可以由政府来兜底,增加债务的可靠性。

2011 年城投债已经成为宏观流动性的一个重要来源。目前城投债月度增量已经超过千亿,与企业部门获得的银行中长期贷款数量相当,成为今年基建投资的重要资金来源。因此,城投债已经成为宏观经济分析中一个不可忽视的因素。

城投债在 2012 年新增规模翻番,但市场基本保持稳定。城投债在 2012 年迎来又一次爆发性增长。在 2011 年的前 11 个月的增量已经超过万亿,是 2011 年的两倍以上。虽然规模扩大迅速,但在发改委的支持之下,利率基本保持稳定。但城投债的整体评级在逐渐下移,个券之间的分化也日益明显。由于地方政府融资平台的盈利状况不佳,难以保证债券的偿付,所以政府的隐性担保是城投债发展的必要条件。

2011 年～2012 年,地方有关部门违规为 817. 67 亿元债务提供担保,部分单位以虚假或不合规抵押融资 262. 38 亿元,有 378. 16 亿元债务资金被挪作他用,还有 271. 71 亿元闲置 2 年以上。在转为退出类的 61 家融资平台公司中,有 55 家未完全剥离原有债务或公益性融资任务;这些地方 223 家融资平台公司 2012 年偿债资金中,有 54% 来源于财政和举借新债,有 151 家当期收入不足以偿债。

财政部公布的数据显示,2013 年前 5 月,全国公共财政收入 56214 亿元,同比增长 6. 6% ,增幅回落 6. 1 个百分点。至 5 月份,全国公共财政收入增速连续第 3 个月停留在 6% 左右的低位。债务缠身的地方政府急于"以地换钱"。这些经济数据实际是没有问题的。没有中国央行和"吴敬琏们"这些问题是不会爆发的。1929 年全球性大萧条,如果不是美国胡佛当总统,就不会发生了。2008 年大萧条,不是"吴敬琏们"和中国央行拼命反击通货膨胀,也是不会发生的。现在,一个人好好的,没有毛病被送给"脑残"的医生,那必定死亡。更何况,这种人正在大量失血,让医生紧急输血就可以了。但是,这种医生却是放血主义者。吴英的资产放到现在还债权人的债很容易,但吴英却被判无期,所以那些债权人本来应该活得很好的现在却死了,死的不合逻辑、超乎想象。

连环保成片杀死企业打爆地方债

在中国债券业内把地方企业发行的债券算在地方债券范畴内。这是一种必然,地方债就是发生在地方的一切债务问题,无论什么债务即使是民间成规模后的高利贷,都是地方债。在法律上对当事人量刑的时候往往以造成后果的严重程度为依据。地方发生的一切都要地方承担,更何况中国地方的所有债务全部是有政府参与的。比如各地的招商引资的工业区、创业园哪个不是政府参与的借债?最著名无锡光伏创业园,政府和光伏一起在欧美的"贸易保护主义"下走上了发光伏债券的道路。虽然是企业的名义,但被光伏拉下水的政府该不该把募集来的钱拿回还银行的利息呢?

互保、联保危机而比起中小企业目前难以从银行体系获得足够的信贷支持,曾经在中小企业群体中广泛存在的互保、联保现象,则有可能暴露出更多风险,让中小企业资金链断裂从单个波及更大面积。

许多中小企业曾经依靠这种模式成功获得过银行贷款解决企业资金周转问题,但问题是,互保、联保模式最大的风险在于它是环环相扣的,一环断,环环断。一家企业出事,很有可能影响与它相关联的一系列互保企业。在实体经济陷入困境后,中小企业经营受到影响,出事企业逐渐增多,这也使得互保、联保圈中的其他企业受到了"连坐"

的影响,更多企业的资金链受到影响。除此之外,大量的企业由于"互保",加大了"或有负债率",在其他融资渠道方面,也陷入了被动。

在中国整个信贷市场上政策性的信用环境不断恶化。只要是在银行融资的企业,90%都参与互保、联保,且平均每家企业的互保、联保单位都有 5 ~ 7 家。在银行信贷趋紧、企业信用危机蔓延的背景下,许多愿意加入到互保关系中的企业打起了退堂鼓。

在温州的一个企业家朋友,做生意定位准,在萧条中也立于不败之地,订单不断。但是在 2013 年 6 月突然接到了银行的数十亿的催账单。朋友大惊失色,知道互保关系的炸药找上门来了,这张互保的网庞大而一环扣一环,在经济严重紧缩的情况下,每个公司都摇摇欲坠或已经是空壳运作。朋友的公司有数亿元的贷款,可以说全部来自互保的模式。跟十几个企业建立了互保关系网。必然来临的后果是,有四个公司接踵倒闭停产,朋友就连坐成必须还贷的债务人,本来就处于死亡边缘,这一次就同归于尽了。这种现象不是中小企业发达的江浙地区才会发生的。山东、河南、湖南……在中国大地上一个地区只要中小企业够连坐的数量,就会有连坐。一个政策就有着全国统一的行动。

在山东小小的博泵科技公司资不抵债了,著名的兰雁集团难以为继了。互保、联保制度在一家规模并不大的小企业的株连下,引发巨大的财务黑洞,让淄博市政府慌乱不堪,其实政府才是最大的连坐对象。

兰雁集团是 1956 年建厂的纺织界老牌国有企业,是集纺纱、织布、染整、服装为一体的国内最大牛仔产品生产企业,是全国百家最大纺织企业之一,世界牛仔布行业十二强之一。每一个中国人都可能会是兰雁的消费者,即使在世界上兰雁也有着巨大的市场覆盖面。2013年兰雁爆了,引爆危机的导火索,是当地与其有着联保关系的两家企业的先后破产,一家是嘉周化工、一家是博泵科技。兰雁集团为嘉周化工担保额度为1.4亿元。2012年4月份,嘉周化工资金链断裂了,为其贷款的齐商银行向淄博市中级人民法院提起破产清算申请,申请立刻被批准。当时兰雁集团的银行账户同时就被封掉了。嘉周化工进入破产清算程序,这意味着兰雁将不得不向银行支付其担保的1.4亿元的资金。谁有钱谁支付,不支付一起倒。

因为受到国际国内消费市场的疲软、棉花价格倒挂、人民币持续升值等大环境影响,兰雁集团近几年一直处于亏损状态。兰雁集团根本无力支付这笔资金。嘉周化工事件严重导致兰雁在各家银行的信用评级下滑,只要兰雁到期贷款还过了,再贷时银行难度加大,给兰雁资金运转造成前所未有的困难。

2012年9月,淄博市的博泵科技有限公司资金链宣告断裂。博泵科技负有银行贷款4亿多元,并有9000多万元高利贷,到期债务无法偿还导致资金链断裂。兰雁集团又因为博泵科技互保而连坐了。兰雁集团为博泵科技担保1.94亿元,博泵科技为兰雁集团单独担保3.17亿元,其余1.04亿元为博泵科技与其他企业共同担保。博泵科技以高达6亿元的相互担保资金链断裂了,区区6亿在当地银行已经是巨额,曾经保证"不抽贷"的多家银行也到了危机的边缘,兰雁集团也再次雪上加霜。

2012年11月,博泵科技为兰雁集团在工商银行担保的1.11亿元需要到期支付,而工商银行已经明确表态,博泵科技担保无效。而在 11 月之内需要兰雁偿还的贷款还有另外的 2.3 亿元。

为保证资金安全,保证"不抽贷"的各家银行迅速采取行动。"公司账户再次被查封,公司仓库被各家银行贴上了封条。"2012 年 4 月~11 月,淄博市外银行以及市内银行开始抽贷,这期间共减少贷款 2.51 亿元。

而更可怕的是,兰雁集团还与张店钢铁总厂、凤阳集团等当地龙头企业普遍存在互保、联保关系。张店钢铁总厂(山东钢铁全资子公司)对兰雁集团的对外担保额高达 4 亿元。

全国著名的凤阳床垫凤阳集团同样为兰雁提供有巨额担保。为兰雁集团提供保证担保 2.13 亿元。

兰雁集团倒闭了,淄博市里环环相扣的互保、联保关系使当地多数企业被卷入,几乎无一幸免。兰雁集团是淄博地方债的最后一道防线。兰雁带着 25 亿的债务倒下,所在地周村区财政收入 2012 年加起来才 13.06 亿元。

淄博市政府的工作组组团入驻了兰雁集团,打响了保卫兰雁就是保卫政府财政的战役。这是一场打不赢的战役,唯一能做的是拖,拖一天是一天。

互保就是保证贷款,一般由企业之间对等承担。而联保贷款则是指 3 家或 3 家以上中小企业,自愿组成担保联合体,其中某一家企业向银行申请贷款后,联保体中的所有成员都需依法承担还款连带责任。

银行只不过是一个唯利是图的商人而已,并不是中小企业的保护伞。银行明知风险,还指导中小企业如何参与到互保联保中来,为了降低银行的风险,企业死活不去把关。在中国刮起紧缩风的时候,银行就拼命抽贷,然后企业就遭到银行起诉,法院封账,企业进入倒闭程序,参与互保、联保的诸多企业被"连坐",只能同生共死。

疯狂的 2008 年以来,互保贷款的事情成了生存和套利手段,大家一窝蜂都在"顺应时代"地做,风险被严重忽视,温州相当多的企业从银行贷款后都投到了房地产和矿业等当时行情比较火爆的行业,短贷长投明显增多。因此随着国家宏观调控的实施和货币政策的收紧,很多企业的生产经营都出现了问题。而房地产市场的降温,也导致企业的可抵押资产大幅缩水,因此银行对企业的追加贷款也就大幅缩水,这又再度加大了企业资金链的紧张程度。

在全面紧缩的情况下,为了保证现金流,中国产业上下游企业之间的应收账款周期也在不断拉长,相互拖欠账款的现象较为严重,已经成为了"三角债"。

20 世纪 90 年代初,中国企业的三角债问题,拖垮了中国整个制造业的活力,企业无法生产而倒闭,政府因为三角债而私有化了国企,导致 7000 万工人的大下岗。

相比上次单一的"三角债"问题,在"4 万亿"刺激后衍生的"三角债"铺天盖地卷土重来,应对将会更加艰难。现在"4 万亿"企业资金链的运转主要通过银行及银行系统外的"影子银行"借款来支付;其次是这次涉及规模远远大于 20 世纪 90 年代。银行总贷款余额是 20 年前的 30 倍以上。在经济下滑的背景下,一切债务是最致命的,但"4 万亿"后,中国的债务模式横向、纵向、连环、连片涉及中国大地上所有的银行、政府、企业、个人。中国成为了一个整体的债务球,我们因为渗透在各个领域的债务而打上了统一的烙印和标志。难道我们要为统一的标志付出生命的代价去埋单?

中国是世界上政策执行最无成本的国家,任何改革都会无阻力地贯彻。火山喷发口上的我们,毫无悬念地将成为为债务爆炸埋单的那个群体。

从诱骗购买走向强制抢劫

在"4万亿"后显性政府债务外,隐性政府债务大量滋生。在政府部门的"动员"下,职工"被贷款"后,再借给作为政府腰包的国有资产管理公司,由政府支配使用,债务节节攀升。近几年,地方融资平台在为市政建设和公用事业发展带来庞大资金的同时,也令地方政府债台高筑。

随着基础设施投资潜力收缩明显,投资对中国经济增长的贡献正在降低,地方政府的偿债能力也随之减弱。政府及平台类相关项目是银行资产质量面临的最大不确定性,而不断延期和借新还旧的地方政府银行债务,使得相关风险始终在银行系统内部无法消化,金融体系可能会日益脆弱。

地方政府和银行合作强制发行地方债现象,又回到了20世纪80年代末至90年代初。

一幢危楼,看上去依然威武,但存在倒塌的风险,一个人以侥幸的心理,从墙上敲一块砖没有什么影响,在人人都这样想的情况下,千里之堤,溃于蚁穴,屋漏偏逢连夜雨。

银行和信托发行方式的转变使债务风险具有了很大的隐蔽性!在过去,中国的银行业是新发行企业债的最大买家。然而,这一次越来越多的债券被打包成理财产品出售给民众,转移成各种形式的地方债。

数据显示:2013 年第一季度,地方政府旗下的投资公司发售了2830 亿元人民币债券,同比增长一倍多。通常人们会预期这样的增长将提振经济,但 2013 年首季度中国经济增长意外放缓至 7.7%,放缓的经济更加加重了地方债的违约风险性。这对以单一的土地房产为税收来源偿还地方债的地方政府来说,就是一阵热闹烟花后的灰烬。

但是中国目前认为地方债不会爆,有土地财政维持,即使爆也在小规模可控范围内。在之前的每一次危机中——2008 年的美国次级债、欧债危机、日本衰退等,中国都可以独善其身,再加上中国维稳力度及手段的全球第一,更添加了几分淡定和安全感。

中国债务问题的前车之鉴是"欧债危机"。欧债危机导致欧洲经济一落千丈。欧债危机导致的衰退还有漫漫长路要走。尤其是希腊在过去的 200 年中,有 100 年处于破产状态,在加入欧元区之前,希腊的公共债务已经占 GDP 的 100% 以上,加入欧元区之后,由于欧洲央行对欧元实行低利率政策,希腊债务有所减少,2001 年希腊债务首次降到 100% 以下,为 99.6%。2008 年金融危机到了,希腊债务占 GDP 比重达 113%,2009 年达 129.3%,2010 年这一比重又上升至 142.8% 的历史新高。政府越来越庞大的债务问题看上去很严重。但是,中国无法和希腊相比,希腊对于中国就相当于是一个小县城。希腊的经济结构单一,中国经济结构复杂,出台一个政策的影响也是多方面的,可能对各行各业的影响都是不可估算的。

我们的地方债发酵会不会引发欧债一样的严重经济危机? 欧洲的高福利,老年人口比例高,但人口总数不高。不容易引发大规模暴动。

中国和欧洲最大的区别在于中国主体财政统一,另外中央政府财政比较富有,外汇储备高达 3 万多亿美元,折合人民币达到 20 万亿元的水平,远高于地方债务的 12 万亿。就像一家遇到困难,是有钱人容易渡过危机,还是没钱的人容易渡过危机? 中国政府对于错误的承担能力是很强的。何况地方政府每年财政收入加上土地财政收入超过 7 万亿。所以即使会有爆发地方债务危机的风险,但也不会像欧洲国家那么严重、影响深远。

中国与欧洲的金融体系的核心都依赖银行体系,一旦爆发金融危机,所有的风险都先集中在银行体系内(包括债务)爆发,进而会迅速扩大波及实体经济,那么经济可能十年、几十年都不会复苏。

中国最大的特点是人多,人多力量大,在技术不高的情况下,可以用人海战术换得大量的外汇,这对于中国的上层来说是优势。因为高外汇储备可以做一切想做的事情,有资本就可以摸着石头交学费。

但是同样人多力量大,突然被逼入死路而又无解的时候,所迸发的行为是不可控的,爆发力是不可估量的。即使是政府养着的公务员、维稳的城管也将成为这次地方债的被洗劫者。情绪和心情是无形的,但它却是有力量的,左右着我们的行为,当众多情绪汇集,爆发到极点的时候,力量是巨大的。愉快的情绪会平和地自然传播,慢慢把每一个人融化在幸福中,但愤怒的情绪就是惊涛骇浪。

股市 6000 点到 1600 点,洗劫了一代中产阶级。当他们被洗劫完所有积蓄的时候,他们失去了购物的欲望、失去了对美食的兴趣、还有夜生活……带给城市的是一片宁静。在股市继续下跌的日子,曾一度沉沦的中产,更加努力工作,变本加厉地消耗自己的身体,换取养家糊口的钱。这时的中产阶级,股市里的钱亏空没有把他们逼到死亡线上,但是这次地方债的爆发却是把最底层的民众都卷进了无解的死亡线。

2013 年以来西安市未央区 200 名环卫工人被欠薪 4 个月,部分工人一天两顿都拿馒头就着热水吃,还有的工人连馒头都吃不起。事实上,负责管理环卫工人的未央区街道办在编人员的工资也被拖欠了。

2013 年 7 月 15 日,陕西神木县县委书记雷正西被传要高升调走,当地近万民众围堵县政府,大批民众堵在神木县县政府大门外,公安和特警组成至少四道人墙阻挡,甚至有手持冲锋枪的特警戒备,气氛紧张。神木因为产煤而成为了陕西最富有的县,几个月前又因"房姐"龚爱爱而一夜成名。免费医疗、教育都会被取消,甚至公务员工资都是"从省政府借了 2 亿",而且政府及企业间债务危机爆发,不少投资者破产。

地方债处理不当将引发失业狂潮

2013 年 6 月 15 日下午,山东省兖州市人民医院宣布改制,医院将由华勤橡胶工业集团接管,其中,60% 的股份归华勤集团所有,40% 归政府。突如其来的消息,在当地引起了不小的震动。医院员工对此表示震惊,"一夜之间,我们就变成了民营医院"。

6 月 15 日下午,兖州市人民医院召开中层以上干部会议,宣布改制。就在开会当天早上,一位院级领导还带领职工外出采购,中午他接到电话通知"下午必须到场开会"。当天会议内容让参会者始料未及:医院宣布改制;院长成了末代皇帝溥仪,不再主持日常工作;该院职工身份虽然多种多样,包括在编工作人员、合同制工作人员、劳务派遣合同工、转业军人,有着不同的身份和地位,但改制后,薪资问题、人员去留问题都成了员工关心的话题。但有一点是肯定的,不再是事业单位了,原来花钱凭关系搞到的编制没了。

兖州市人民医院是创建于 1897 年,距今已有 110 多年的历史,躲过了战争,躲过了上世纪 90 年代的国企改制,但最终还是没躲过中国经济大发展后的地方债。在 2008 年的"4 万亿"之后,兖州市人民医院举债扩建达到顶峰,资产为建医院都被全部抵押出去了。该院新院区耗资高达 16.5 亿元,在 2011 年,兖州地方财政收入也不过 27.43 亿元,医院扩建资金令政府财政明显吃不下,举债扩张财政难以为继,只能卖医院。

地方债就像布满在中国大地每一个角落的地雷,正在局部定点引爆中。地方债加剧系统性风险。难道又要靠卖了? 从偿债条件看,除财政收入外,我国地方政府拥有固定资产、土地、自然资源、公共事业的经营权等可变现资产比较多,可通过变现资产增强偿债能力。

地方平台偿债缺口、房地产泡沫、过剩的产能,三足鼎立的三个系统性风险是相互联系、互为传导的。只要某一环节出现较大的事端,甚至仅仅是蝴蝶扇动了翅膀，风险会瞬间传导，资产价格即刻大幅缩水。现在看来的风平浪静，只是危机没引爆，坏账未暴露而已，如果宏观金融政策实施紧缩性刺激积累到了一定程度，会发生质变。将是"忽喇喇似大厦倾，昏惨惨似灯将尽"。

中国的体制改革其实就是国有资产产权的转移，改革经历 30 多年了，即 7000 万人集中大下岗后，我们的一些国企依旧没有停止过转卖的步伐。这种转卖，带给地方的只有各种形式的债务和隐形的负担。为少数人的利益服务做出牺牲的我们一次次隐忍了，因为毕竟生活还过得去，虽然有失公平。但是，这种出卖积累的债务会在我们逐渐变得没有承受力的时候，突然遇到一根稻草，我们随时伴随着的是来自各方面各种形式的地方债的同时同步的坍塌。这种卖除了肥了食利者，不但不能解国企一时之困，反而等来的是越来越发酵的隐患集中爆发的那一刻。

一个国企，虽然有数亿、数千万元的实物资产，但不能生产出好的产品，产品没有市场，企业冗员、缺乏技术、做账不实，想要卖出好价钱很难，所以只能贱卖。

一些国企老总们由于工资待遇低，所以必须追求个人利益的最大化。因此国企在制定改制方案时往往采取 MBO（管理层收购）方式。他们利用我国的财务法律制度漏洞，实施 MBO 的上市公司管理层，利用信息不对称，通过调剂或隐藏利润的办法扩大账面亏损，然后利用账面亏损获得较低的收购价格，甚至逼迫地方政府低价转让股份给管理层控股的公司，如果地方政府不接受，则继续操纵利润，扩大账面亏损，直至上市公司被 ST、PT 后，再以更低的价格收购。

中国国企的一些老总,一人可以持有企业 5% ~ 10% 以上的股份,管理人员可以持有企业 25% 以上的股份,国企资产增值的大部分归了管理层,国企一上市这些老总们就可以一夜暴富,甚至再经过几次"改革"就可以达到巨富,国企资产为国家所有,同时这些国企获取上市溢价发行这一稀缺资源也是国家给予的。国企老总利用掌握的稀缺资源就可以富可敌国。

很多地方政府的国企改制就是一个卖,至于国企改制后的命运,则听之任之,那些吃掉国企的投资者往往成了投机者,等把国企"价值"炒高后,再转手卖掉,或引进的投资者缺乏经营能力,把改制后的企业一步步拖向泥潭,造成很大的经济和社会隐患。然后再想办法 MBO。

然后地方国企还可以玩破产逃债,形成银行呆坏账,而当地法院会沆瀣一气。反正"破"掉的是国有银行的资产,而地方企业则可以逃掉银行债务,这是地方政府逃掉地方债的手段。

诞生于 1949 年 1 月的铁道部,在"解放军打到哪里,铁路就修到哪里"在豪言壮语中全力为全中国人民的解放事业和幸福生活服务,至今已经历 64 年春秋了。如今,和共和国同龄的铁道部也在改制中退出了历史舞台。

公开资料显示,截至 2012 年三季度,原铁道部的总资产为 43044 亿元,负债为 26607 亿元,资产负债率为 61.81%,税后利润则为 - 85.41 亿元。而且铁道部负债呈连年增加的趋势,其中长期借款达 20604 亿元,占总负债的 77.74%。即便有巨额负债,铁道部的负债率还是低于国有企业的平均负债率。

国务院对于走向市场化经营的铁路总公司成立的批复也明确指出,2.6 万亿元负债历史债务问题没有解决前,国家对铁路总公司暂不征收国有资产收益。政府还将建立铁路公益性运输补贴机制,采取财政补贴等方式对铁路公益性运输亏损给予适当补偿。中国铁路总公司将继续享有国家对原铁道部的税收优惠政策,国务院及有关部门、地方政府对铁路实行的原有优惠政策继续执行。

铁路建设债券仍为政府支持债券。监管部门明确将铁道债转为政府支持类债券,强化了其国家信用色彩,有利于增强投资者对中铁总的信心。

7 月 23 日中国铁路总公司将发布 2013 年第一期债券,发行规模为 200 亿元。

中国工程院院士王梦恕表示,第一期发行的 200 亿元暂时不能满足目前铁路资金的需要,需要加快地方政府、民间资本和国家的进一步资金投入,以减轻中国铁路总公司的债务压力。未来国内铁路建设对融资需求依然较大。

业界估算,不管采用何种路径,2.6 万亿元的巨额负债,乐观预计也需要十年以上的时间来消化。

这些债务是谁来埋单呢?

我们的央企、地方国企都在改制,把债务和国企员工合并重组。改制以来,除了 7000 万人集中集体下岗的壮观景象,我们的国家从没有停止过转移债务转移员工,并且在这种转移中已经积累了丰富的经验。

如果到了我们再也包不住地方债这团火的时候,这些国企会不会集中上演 1998 年的集中大下岗呢? 企业还在,国家还在,只是我们又被洗劫了。结果的好坏不过是洗劫的程度,还有我们底线还能再低多少的问题。

第 9 章　养老金是最大的旁氏亏空永远的地方债

　　世界正在跑步进入新生人口和老年人口结构比例失衡的老龄化时代，除印度等少数国家外，养老和养老金的问题逐渐成为了各个国家经济发展中长期必看的脸色，甚至一切经济政策都在围绕着老龄化程度和趋势而定。

　　中国养老金寅吃卯粮，这是一个公开的秘密和难题，更是诸多学者们和被空账的中产们寝食难安的困扰，不过这还仅仅停留在抱怨和无奈层面中，因为大家的担心还没有变成现实，未付养老金的老一代正在安心接受下一代的"哺育"，这是一条"完美"的资金链条。但是地方债的无情爆发，将让按部就班一环扣一环的空账养老金问题，成为一场巨大的灾难。

养老金缴费满 15 年后的兑付款在哪里

1998 年 ~2013 年是中国企业收入的上升周期,也是中国老龄化问题不断攀升恶化的周期。但 2013 中国制造业景气周期结束了,在不恰当的政策面前正在自由落体般跌入谷底。

中国老龄化的进程在加速度达到发达国家的水平。如何处理老龄化问题成为一个国家的生存问题。西方发达国家无时无刻不在为现在和未来的养老金问题谋划着。中国也在谋划着,但把可持续交养老金的制造业逼死,后续资金没有了来源,把中产阶级"刚需"的钱交给土地财政,目前看来一时之困都没有得到解决,更谈何将来?"刚需"送来的钱还不够还 4 万亿地方债的利息。

养老金缺口扩大的最主要力量来源于人口的快速老龄化。目前全国 60 岁以上的人口已达 1.85 亿,占总人口 13.7%,到 2050 年,老龄化人口将占总人口的 35%。

据世界银行的研究报告指出,从 1980 年开始,中国人口平均预期寿命每五年上升约 1 岁,如此趋势在未来几十年内仍将持续,到 2050 年,中国人均寿命很可能会达到 82 岁。如按目前的退休年龄和平均寿命预期粗略估计,老年人在退休后存活的岁月中所领取的全部养老金大约是其退休前所缴全部养老金的 10 ~ 13 倍。养老金支付压力可见一斑。

目前养老金的正常发放主要是转移支付。现有三个劳动力赡养一个老人,政府完全可采取"空账"(达 2.2 万亿元)方式,即用在职职工的个人缴费(没有进入自己个人账户)替发退休者的养老金;中央财政每年拿出 1000 多亿元补齐养老金发放不足部分。然而,到 2050 年,我国将变为约 1 个劳动力赡养 1 个老人,赡养率大幅提高,人口替代率又趋于下降,新生劳动力的补给不足必然使养老金增量短缺。更加重要的还在于,目前高达 10 余万亿元的财政收入可形成强大的养老金"补缺"能力,但面对未来动辄数万亿甚至 10 万亿以上的"缺口",政府财政显然无能为力。现在主要是基数搞不清。到企业进行实地了解,依然有企业不缴纳社保费的,还有很多企业只给企业中高层的管理人员或固定员工缴纳,打工的人不缴;还有很多劳务派遣工,特别是一大部分农民工没有参加社会保险。据人社部的统计数据,农民工参加医疗保险的是 4000 多万人,而我国 2.4 亿农民工当中,已经在城镇相对稳定就业的至少是 1.2 亿人,那么至少有 8000 万农民工没有参保。

从 1998 年开始到今年,中国养老金缴费制刚好进入了兑付的第 15 个年头。养老是以地方为单位的,经济发展不同保险支付情况是完全不同的。

国务院关于建立统一的企业职工基本养老保险制度的决定
(国发[1997]26 号)
各省、自治区、直辖市人民政府,国务院各部委、各直属机构:
  近年来,各地区和有关部门按照《国务院关于深化企业职工养老保险制度改革的通知》(国发[1995]6 号)要求,制定了社会统筹与个人账户相结合的养老保险制度改革方案,建立了职工基本养老保险个人账户,促进了养老保险新机制的形成,保障了离退休人员的基本生活,企业职工养老保险制度改革取得了新的进展。但是,由于这项改革仍处在试点阶段,目前还存在基本养老保险制度不统一、企业负担重、统筹层次低、管理制度不健全等问题,必须按照党中央、国务院确定的目标和原则,进一步加快改革步伐,建立统一的企业职工基本养老保险制度,促进经济与社会健康发展。为此,国务院在总结近几年改革试点经验的基础上作出如下决定:

一、到本世纪末,要基本建立起适应社会主义市场经济体制要求,适用城镇各类企业职工和个体劳动者,资金来源多渠道、保障方式多层次、社会统筹与个人账户相结合、权利与义务相对应、管理服务社会化的养老保险体系。企业职工养老保险要贯彻社会互济与自我保障相结合、公平与效率相结合、行政管理与基金管理分开等原则,保障水平要与我国社会生产力发展水平及各方面的承受能力相适应。

二、各级人民政府要把社会保险事业纳入本地区国民经济与社会发展计划,贯彻基本养老保险只能保障退休人员基本生活的原则,把改革企业职工养老保险制度与建立多层次的社会保障体系紧密结合起来,确保离退休人员基本养老金和失业人员失业救济金的发放,积极推行城市居民最低生活保障制度。为使离退休人员的生活随着经济与社会发展不断得到改善,体现按劳分配原则和地区发展水平及企业经济效益的差异,各地区和有关部门要在国家政策指导下大力发展企业补充养老保险,同时发挥商业保险的补充作用。

三、企业缴纳基本养老保险费（以下简称企业缴费）的比例，一般不得超过企业工资总额的 20%（包括划入个人账户的部分），具体比例由省、自治区、直辖市人民政府确定。少数省、自治区、直辖市因离退休人数较多、养老保险负担过重，确需超过企业工资总额 20% 的，应报劳动部、财政部审批。个人缴纳基本养老保险费（以下简称个人缴费）的比例，1997 年不得低于本人缴费工资的 4%，1998 年起每两年提高 1 个百分点，最终达到本人缴费工资的 8%。有条件的地区和工资增长较快的年份，个人缴费比例提高的速度应适当加快。

四、按本人缴费工资 11% 的数额为职工建立基本养老保险个人账户，个人缴费全部记入个人账户，其余部分从企业缴费中划入。随着个人缴费比例的提高，企业划入的部分要逐步降至 3%。个人账户储存额，每年参考银行同期存款利率计算利息。个人账户储存额只用于职工养老，不得提前支取。职工调动时，个人账户全部随同转移。职工或退休人员死亡，个人账户中的个人缴费部分可以继承。

五、本决定实施后参加工作的职工，个人缴费年限累计满 15 年的，退休后按月发给基本养老金。基本养老金由基础养老金和个人账户养老金组成。退休时的基础养老金月标准为省、自治区、直辖市或地（市）上年度职工月平均工资的 20%，个人账户养老金月标准为本人账户储存额除以 120。个人缴费年限累计不满 15 年的，退休后不享受基础养老金待遇，其个人账户储存额一次支付给本人。

本决定实施前已经离退休的人员,仍按国家原来的规定发给养老金,同时执行养老金调整办法。各地区和有关部门要按照国家规定进一步完善基本养老金正常调整机制,认真抓好落实。

本决定实施前参加工作、实施后退休且个人缴费和视同缴费年限累计满15年的人员,按照新老办法平稳衔接、待遇水平基本平衡等原则,在发给基础养老金和个人账户养老金的基础上再确定过渡性养老金,过渡性养老金从养老保险基金中解决。具体办法,由劳动部会同有关部门制订并指导实施。

六、进一步扩大养老保险的覆盖范围,基本养老保险制度要逐步扩大到城镇所有企业及其职工。城镇个体劳动者也要逐步实行基本养老保险制度,其缴费比例和待遇水平由省、自治区、直辖市人民政府参照本决定精神确定。

七、抓紧制定企业职工养老保险基金管理条例,加强对养老保险基金的管理。基本养老保险基金实行收支两条线管理,要保证专款专用,全部用于职工养老保险,严禁挤占挪用和挥霍浪费。基金结余额,除预留相当于2个月的支付费用外,应全部购买国家债券和存入专户,严格禁止投入其他金融和经营性事业。要建立健全社会保险基金监督机构,财政、审计部门要依法加强监督,确保基金的安全。

八、为有利于提高基本养老保险基金的统筹层次和加强宏观调控,要逐步由县级统筹向省或省授权的地区统筹过渡。待全国基本实现省级统筹后,原经国务院批准由有关部门和单位组织统筹的企业,参加所在地区的社会统筹。

九、提高社会保险管理服务的社会化水平,尽快将目前由企业发放养老金改为社会化发放,积极创造条件将离退休人员的管理服务工作逐步由企业转向社会,减轻企业的社会事务负担。各级社会保险机构要进一步加强基础建设,改进和完善服务与管理工作,不断提高工作效率和服务质量,促进养老保险制度的改革。

十、实行企业化管理的事业单位,原则上按照企业养老保险制度执行。

建立统一的企业职工基本养老保险制度是深化社会保险制度改革的重要步骤,关系改革、发展和稳定的全局。各地区和有关部门要予以高度重视,切实加强领导,精心组织实施。劳动部要会同国家体改委等有关部门加强工作指导和监督检查,及时研究解决工作中遇到的问题,确保本决定的贯彻实施。

纽约时报有研究机构发布的材料称,未来 20 年中国养老金缺口将累计至 10.9 万亿美元,这将导致未来中国老无所依。

世界银行也在一份报告中指出,如按照目前的制度及模式,到 2075 年,中国养老保险收支缺口将高达 9.15 万亿美元。

与此同时,德意志银行与中国银行也先后公布了相应的研究结果。德银的结论是,在不改革的情况下,养老金缺口到 2020 年将达到 0.2% 的 GDP,到 2050 年达 GDP 的 5.5%。

中银则称,到 2013 年,中国养老金的缺口将达到 18.3 万亿元,若 GDP 年增长率为 6%,到 2033 年时养老金缺口将达到 68.2 万亿元,占当年 GDP 的 38.7%。

官方与研究机构的结论总有些出入。人社部最新数据显示,截至 2011 年,中国城镇基本养老保险基金总收入 1.7 万亿元,总支出 1.3 万亿元,年末累计结存达 1.9 万亿元。人社部据此认为,养老保险基金收入大于支出。而必须承认,尽管当下养老金收支总体平衡,但已有 14 个省收不抵支,缺口达 767 亿。人保部也预测,到 2025 年仅城市养老金缺口就达 6 万亿,若加上农村养老金的巨大需求,从长期看,官方与民间对养老金缺口的判断方向是趋于一致的。

中国的养老改革本来就是在用 1998 年后的企业和职工来养以前国家公有制、国家统筹安排养老的问题,国家不得不负担这样的一个历史遗留问题。但却留下了传销式的生存模式,要不断拉更多的下家进来才可以养活上家,这样必然导致空账。在中国高速发展的大量创汇的 20 年,也没有想到用中国人口红利创造的外汇储备去填补中国养老空账的问题。我们在 20 年的野蛮生长中迷失了自己。

养老金的庞大缺口,如果没有不测风云,或许可以一直隐瞒下去。但是麦道夫就会遇到次级债。

我国目前养老保险余额近 2 万亿元,但与企业年金 4.1% 的收益率和全国社保基金 8.4% 的平均年化收益率相比,过去 10 年间扣除通胀率的年均收益率却为负。

中国机关事业单位人员不仅不用纳缴养老保险,而且退休后直接领取养老金。2012 年 3 月公布在人力资源社会保障部和国家公务员局门户网站的数据显示,2008 年度、2009 年度、2010 年度全国公务员数量的统计结果,分别是 659.7 万人、678.9 万人、689.4 万人。目前,

2012 年度全国公务员统计工作已经结束。据统计,2011 年年底和 2012 年年底全国公务员总数分别是 702.1 万人和 708.9 万人,1 年中增加近 7 万人。目前我国有 3000 万事业单位职工,若按企业职工养老保险政策规定缴纳养老金,这个群体每年可缴纳上亿元保险费,到 2050 年积累下来的养老金可达 38 万亿元。

基于巨大的改革收益预期,深圳已迈开了机关单位养老保险改革试点的步伐,虽仍局限于对新增公务员实行如同企业职工养老金缴纳方案,但这是对日渐减少的财政收入的一种渐进的解决之策。

现行的养老保险制度是对国民的不公正

由于中国实行养老保险制度年限较短,所以,实现养老保险制度后到现在退休的职工领取的养老金,都是提前支取的,他们领取的是现在和未来的劳动者缴纳的养老金,这就决定了养老金账户必然出现亏空。加上中国实行计划生育政策,人口高峰期已过,人口数量实际在减少,因此,未来养老金账户的缺口将会越来越大。

企业退休人员比政府机关和事业单位同等资质退休人员的待遇低 2 ~ 3 倍。同等学历、同等职务、同等技能、同等贡献的人们,退休后不能得到同等待遇,甚至有时候两个高工加起来还不如一个机关勤杂工的待遇高。

如果废除“双轨制”的养老金体制,不仅能平抑企业退休人员养老金仅为机关事业单位同类人员所获退休金的 1/2 ~ 1/3 的差距,能强力弥补养老金的缺口,更是对国民的公正。

深圳作为中国发达地区，正在试点改革的同时，不发达和欠发达的地区，目前所做的却是在鼓励下海。一些单位因极度扩张资不抵债而瞬间变企业，这个单位的公务员一下子就加入到了缴纳养老金的大军，"4万亿"催生下迅速膨胀的地方债在以养老金命名的地方债面前就是小河沟和汪洋大海的对比。如果只是"4万亿"催生的地方债被紧缩政策引爆，不过是一个核爆，核爆过后在废墟上可以迅速崛起。如果4万亿地方债彻底暴露了养老金的亏空，不过是N个核爆，核爆之后还可以崛起。但是如果赖以生存的国际环境突然被页岩气、碳关税封杀后，4万亿地方债和养老金造成的后果将使我们永久性地被世界抛弃。

2010年广东一个省就有3000多亿的养老保险基金结余，可有的省份却基本没有结余，年年都有缺口，需要中央补贴。一般来说，经济发达省份，财政实力较为雄厚，再加上流动人口多，他们的养老金就多，因为流动人口不在那里养老，光在那里缴费做贡献了。而人口输出大省就倒霉了，这些省剩下的不是小孩就是老人，青年人都到外头打工去了，钱都贡献给外省了，但对本省的老人是要支付养老金的，从而造成收入少、支出多。所以养老金数量跟人口分布的空间和流动是有关系的，而人口流动又受经济发展水平的影响。

流动人口聚集的地区，往往是发达地区。于是造成了恶性循环，越来越不平衡。越富的地方养老金越多，越穷的地方养老金越少，越富的地方经济越发达，越穷的地方经济就越落后。

所谓隐性债务，是指在养老金制度从现收现付制向基金积累制或半基金积累制转变过程中，由于已经工作和退休的人员没有过去的积

累,而他们又必须按新制度领取养老金,那么他们应得的,实际又没有
"积累"的那部分资金。隐性债务包括两部分:一部分是应继续付给新
制度实施前已离退休人员的离退休金总额;另一部分是新制度实施前
参加工作、实施后退休的人员,在新制度实施前没有积累的养老金总
额。这两部分债务的具体规模依赖于退休年龄、缴费率和投资回报率
等重要参数。根据中国养老保险隐性债务课题组的推算,隐性债务最
小为 1.8 万亿元,最大接近 12 万亿元。我国庞大的隐性债务将随着 4
万亿地方债爆炸而浮出水面。

截至 2011 年养老金年化平均收益率仅为 1.8%。2006 年之前中
国养老金收益率问题还并不严重,原因在于 1997 年~2006 年,居民消
费价格上涨幅度基本都在 2% 以内。可是进入 2007 年之后中国的物
价与房价出现快速上涨,最近五年中国 CPI 的年均增速超过 3%,长期
通胀压力的增大,凸显养老金缩水的问题。养老金面临通胀危机的问
题不容忽视,未来增加养老金投资渠道,是解决养老金面临通胀危机
的关键。

2012 年 3 月广东养老金入市的消息得到官方证实,全国社保基金
理事会将代理广东政府委托的千亿元养老金投资运营。1000 亿元中
可进入股市的不超 400 亿,分析称入市迫于亏损压力。通胀在被挪用
面前就是不要提的小问题了。根据复利计算的 72 法则,假设长期通
胀率为 3%,那么 24 年个人财富就会缩水一半。对于目前的工薪族来
说,即使按照 60 岁退休计算,如果没有任何薪水外的投资规划,一半
的收入会被吞噬。如果存入银行,按照目前 3% 的一年定期存款利率
计算仅能保本。

个人账户制、基金积累模式是中国现代养老保障制度的主要模式之一。养老基金从缴费到领取有数十年积累时间,贬值压力巨大,支付时比缴费时购买力严重下降、保障水平下降。基础养老金太低。"中央政府补贴55块钱,如果你每年只缴100块钱,等到退休的时候,55元加上个人账户,大概一个月也就是七八十块钱。"按过去十年年均2.47%的通胀率分析,若长期以0.35%的活期存款利率作为养老金的保值途径,显然会造成养老金的持续缩水。积累模式的养老保险制度的价值会大打折扣。

养老金挪用遭遇地方债爆发恶化社会矛盾

在中国能够签合同有工作的人,五项社会保险法定缴费之和相当于工资水平的40%,有的地区甚至达到50%以上。这样高的比例在世界上超过了世界上绝大多数国家。在173个国家或地区中,只有罗马尼亚、斯洛伐克、哥伦比亚、捷克、匈牙利、法国、奥地利、荷兰、德国、意大利、波兰、乌克兰这12个国家的社保名义缴费率高于中国,其他都或多或少的低于中国。目前,中国的缴费水平是北欧五国的3倍,G7国家的2.8倍,东亚邻国和地区的4.6倍。

因为中国需要养活的人和部门的基数太大,而可以出力出钱的部门和个人又太少,所以,就会需要有能力的人和部门多努力些为大局作出贡献,即把中国养老等的所有社会保险都交给中国社会,承担一切养活整个社会和人员机制的问题。

当前中国中产阶级在家庭中往往处于上有老下有小的阶段,中国中产阶级对于整个社会也是上有老下有小要养活的摇钱树,要养活未交费就领养老金的老一辈、养活公务员、提供地方财政支出等等。中国中产阶级在中国社会占有的比例并不高,却是擎天柱。

他们和中国的中小企业一起,共同为这个社会的运转全力提供着自己仅有的微薄力量,这些力量是透支了他们养老金的基础之上的提前支出,以维持脆弱的平静。经济上升期还能维持,但在当前的下行期,社保缴费比例过高,减少了居民消费,对经济发展已经是釜底抽薪,这一切已然成了危险的根源。尤其是空账和挪用等问题,足以引爆社会动荡。

特别是当前这些养老金不是全部被用来挪给未缴费的老一辈,而是还被私人非法挪用去自己享受和政府去投资以为会有效益的项目时,这些中产阶级和中小企业就变得无力承担,再去在他们身上额外攫取的后果就是全社会的同归于尽。

其实在中国,养老金从在民众中集资开始,就不断以各式各样的借口被挪用,而且还是集体决策,无法追查责任人。例如,按照我国新型农村社会养老保险的规定,年满 60 周岁、未享受城镇职工基本养老保险待遇的农村有户籍的老年人,可以按月领取养老金。江苏省朱寨镇 8000 多名 60 岁以上的老人在沛县邮政储蓄银行领取养老金时被当地邮政支局告知,不允许他们按月支取到账的养老金,而是要求一年取一次。虽然新农保养老金每月 80 元,一年不到 1000 元,数目不大,但对于当地不少经济困难的独居老人来说,是唯一经济来源。

这就如同我们收养流浪猫时感受到的一样,在中国,改革开放的大浪潮伴随着一个一个村庄的拆迁而迁徙,我们就有了深入农村的生活体验和观察社会的一个窗口。我们为流浪猫建立的几个"猫公馆"
中,曾经的一个所在村及周边几个村,正逢规划建造工业区。那时的
村民无不欢欣鼓舞,快到 60 岁的老人,他们只需再交少量的钱就可以
领到养老金。比如交 1 万,剩下 3 万是白得的。这样大家很满意地交
出土地,村里以后一切也再不负责,交给了中国制造和中产阶级抚养。
60 岁以上不能再买断养老金的,开发区就承诺给他们月月发放养老
金,而且养老金年年涨,现在都涨到了 2000 元,而且家家户户按人头
算,有多少人就每个人每个月发五十斤米,五十斤面,还有几斤鸡蛋。
过年过节还有厚礼相送。村民们欢欣鼓舞着,各得其所都觉得满意。

可是就在 2012 年,警车突然把村支书带走了,然后说判了 8 年有
期徒刑。村民炸开了锅,老支书已经连任四届 16 年了,没有村支书他
们哪有现在的公寓房住,哪有这么好的养老待遇。村里所有空地都种
上了树去大力发展旅游业,那时家家户户都可以开家庭旅馆、开饭店、
卖旅游用品,家家户户可以发大财。望着绿油油的树想着未来游客如
织钞票大把的日子,村民们奔走相告为老支书上访鸣不平。

原来,原支书把耕地以 4 万一亩的成交价卖给了开发商,而这些
土地的实际价值是 20 万一亩。如此一来,村里应得的 20 万一亩实际
只得到 4 万每亩,其中的差价下落不明。即使这 4 万一亩的收入被支
书拿出一部分以个人名义去投资了。他投了 2000 万对方投了 1000
万,对方却占大股。在这个工业区转手时,其市值已达到了一个亿。
但是原村支书却刚刚进了监狱,一个亿的分红就悉数落到小股东的手
上。也同时意味着这一次的利益再分配村民将一无所获。

更加一无所获的是由于历史政策原因,村办企业的法人都是书记

一个人,在私有制改造中,镇里做主把村办企业优先低价卖给了法人老支书及村民代表(老支书的亲信),这些村办企业目前价值上亿,随着老支书的服刑 8 年,一切资产查封转让。

这样的故事在中国大地的每个角落上演着,等待地方债是否被全面引爆的抉择。20 年来我家的养猫工人"播报"的家乡新闻,让我们足不出户体会到了国家政策的变化过程和所产生的结果,从抱怨耕地种不种都要交税,到取消农业税的欢欣鼓舞,到抱怨国家的补贴拿不到手里就已经被贪污,到这两年拆迁拿不到补偿款、养老金交了也不给领,家里老人还是自己赚钱养……

湖南平江县有关部门通过投资、借款等形式,先后非法挪用养老金 1300 多万元。1993 年,平江县根据国家有关政策成立了平江县养老办,负责全县农村养老保险工作。至 2001 年年底,平江县参保农民达 49501 人,投保金额达 1273 万余元。这些年,平江县先后共有 1333.2 万元被挪用,除部分养老金被追回外,至今仍有 632.2 万元养老金被挪用。

据平江县审计局审计,负责全县农村养老金工作的平江县养老办非法侵占挪用巨额资金修建殡仪馆。平江县殡仪馆是 2003 年全县十大项目之一,按规定建设资金应由县财政安排,但当时县里拿不出这笔钱,于是从养老保险增值结余资金中拿出 260 万元用于殡仪馆工程建设。与此同时,平江县民政局也从养老办擅自"借款"101 万元,用于殡仪馆建设,至今绝大部分没有还清。就这样活人的养老钱挪给死人用了。

平江县养老办的一名负责同志说,平江县养老办仅凭一张白条借据,借给县里 270 万元。2002 年春节前夕,平江县境内一条投资上亿元的高等级公路建设遇到资金困难,施工单位无钱回家过年。为了确保农民工工资按时发放,平江县临时从县养老办借款 270 万元,承诺当年 6 月底前还清。十年过去政府换了好几届这笔资金仍无着落。

瓮江镇民政办收取的 1.9 万元养老金没有入账,至今这笔资金去向不明。

浯口镇一民政干部竟将农民交来的 3000 元养老金私吞。因为养老金被侵占或是挪用,平江县部分乡镇农民退保或领取养老保险金时难以兑现,平江县养老办也无能为力。81 岁的余坪乡十里村村民黄梓贵,1996 年儿子结婚时交了 400 元给他投保,但十年时间内,他仅仅领取了 40 多元的养老金。村民因为养老金不能按时领取,要求退保,同样遇到无钱可退难题。十里村村民黄国兵在 1996 年 58 岁时花 300 元买了份保险,按规定,他年满 60 岁就可享受养老金,但今年已 69 岁了,前后仅领过两次养老金。这几年,他想将这份保险退掉,也被乡里以种种借口拒绝。平江县农村养老保险的问题经当地审计部门审计浮出水面后,平江县政府召集财政、民政等部门负责人会议,明确殡仪馆借走的 260 万元养老金,由民政部门督促殡仪馆分期偿还;县民政局借走的用于建殡仪馆建设的 101 万元,2007 年年底一次性还清;县里借走的用于高等级公路建设的 270 万元资金,2007 年底由县财政一次性本息付清。但到目前为止,仍有相当部分没有还清。

对于被挪用的养老金,县民政部门如果靠其他专项资金补缺,县政府动用其他财力来支付,又将成为财政穷县的一个包袱。而从殡仪馆目前状况看,分批偿还也有很大困难。

挪用资金建殡仪馆、修建高等级公路，是县民政局或县领导的集体动议，不是个人行为。集体负责的事，到追究责任时，变成集体无责任。即使有责任把所有相关人员都绳之以法也换不回民众的养老钱。

广州市劳动和社会保障局局长张杰明在位期间，私自挪用累计 89537.14 万元社保基金。其中包括 25 个项目，涉及 21 个债务单位（个人）。其中投入房地产开发的是 76587 万元，占 85.54%；银行及非银行金融机构存额代销国库券 9815 万元，占 10.96%；其他项目 3135.14 万元，占 3.5%。被挪用的资金应如何善后？民众得到的回答是：由于种种复杂原因，这些款项是难以全部追回的，但就算这笔钱最后追不回来，仍然不会影响广大市民拿养老金。据广州市劳动和社会保障局 1999 年 12 月 8 日在市人大代表视察时所作的有关报告中介绍，截至 1999 年 11 月底，该笔款项仅仅追回 3103 万元。

在 4 万亿地方债大跃进后无后续资金的情况下，各地养老金被挪用的现象愈演愈烈。甚至连用人单位也开始打上了养老金的主意。

近来，各地很多在岗职工发现他们每个月都交了养老金，其实一分钱也没交到社保局，但所在单位每月会从职工工资中扣除个人养老金，然后被单位或个人放在其他方面"借"用。

2012 年年底，陕西省安康市在稽核上年度养老保险工作中，发现建民办事处的养老保险金票款不符，汉滨区检察院随即介入调查，9 月中旬，具体负责的社会保障站站长张某被刑拘。汉滨区人民检察院反贪局对查办的本区建民办事处社会保障服务站站长张某挪用城乡居民养老保险近 60 万元一案提起公诉，法院以挪用公款罪判决其有期徒刑五年。原来，面对老百姓的养老钱，张某利用职务之便，把 60 余万元"养老钱"未存入指定的专用账户，而是存入个人账户用于个人挥霍，大部分用于购置私家车、偿还个人银行贷款及其他开支。

不过，虽然相关法律条文显示，"如职工发现用人单位发生欠缴个人养老保险费问题，可向市劳动监察部门投诉举报"。但事实上，举报和投诉并不能让受害人追回财产损失，养老金被挪用的势头也从未被遏制过。

这些太阳底下罪恶的存在，养老金在风平浪静中一点点被"消化和拖欠着"，一天天挑战着养老人群的底线。养老金的实际漏洞是无法统计的，早已是一个已经自身难以为继的谎言。

地产经济已经到达了极限，制造业被紧缩致死，世界被中国的"新胡佛清算主义"打击成第三次世界大萧条，中国的4万亿地方债和养老金地方债哪里还有出头之日。长期失业加养老金被掠夺下的我们还会怎样去面对，这是一个"繁华后"被地方债毁灭的时代。

第10章　站在失业的崖边给马儿一记紧缩的皮鞭

　　科技的进步给人类带来了劳动力的解放,也带来了慢性失业。但这在经济发展中不过10%～20%的比例可以忽略不计,这是人类从繁琐劳动中逐渐解脱的社会进步的标志。但是自2008年美国次级债爆发以来,世界经济遭遇了萧条的重创,经济危机造成的真正失业开始席卷世界,中国昙花一现的"4万亿"刺激没能阻止失业率上升的脚步,反而导致现任政府为之后的产能过剩采取了一系列的紧缩政策,从而又加剧了中国的失业步伐。如果未来地方债不幸成为中国的"次级债"被引爆,中国自身的失业以及带给世界的失业将不可估量。

科技进步与世界萧条让失业在全世界蔓延开来

　　2008年经济危机以后到处是裁员和失业的消息。5年过去了,不但没有好转的势头,反而有愈演愈烈远未触底迹象。这种失业是全球性的以经济危机为首,外加科技进步对人力的需求下降的双重挟持下导致的长期趋势性的失业。失业对于个人来说使家庭失去了经济来源的。

国际劳工组织发布年度全球就业趋势报告称,2013 年全球失业率仍将小幅攀升,失业人口将突破 2 亿,就业形势无改观。这 2 亿人口是世界上可以明确统计的,如果不停找工作的人越来越多,全球失业数据如何改写?

2013 年 5 月,欧元区失业率达到 12.1% 再创历史新高。欧债危机爆发以来,欧盟失业率持续上升,债务危机和金融市场动荡已延伸至实体经济,就业形势不断恶化。据欧盟统计局数据,欧洲 27 国范围内 5 月共有 2640.5 万失业人口,欧元区则为 1922.2 万失业人口。在 2012 一年里,欧盟内有 17 个成员国的失业率上升,塞浦路斯从 11.4% 上升至 16.3%,希腊从 22.2% 上升至 26.8%(2012 年 3 月至 2013 年 3 月)。

葡萄牙将裁减 3 万名公务员以及计划减少 48 亿欧元公共支出。葡萄牙总理科埃略 2013 年 5 月 3 日在总理府宣布,未来几年内,葡萄牙政府将通过延长公共部门工作时间、提高退休年龄和削减公共部门开支等措施,进一步减少政府的财政支出。政府预计 2014 年内将公共部门开支减少 10%,裁减约三万名公务员,并计划在 2015 年年底前将公共支出减少 48 亿欧元。

为减少政府的财政赤字,争取后续国际援助,葡萄牙政府决定将公共部门每周的工作时间从目前的 35 小时延长至 40 小时。退休年龄将从 65 岁提高到 66 岁,并对自愿将退休年龄延至 66 岁的人员减征养老金所得税。

人口结构失调与就业形势严峻是中国最大难题

中国目前事业有成的"70 后",却正在逐步加入到"养老"的行列。他们在过去的十年间纷纷有了自己的产业。中国的中小企业老板大多是"70 后"的年龄段,他们却在 2008 年的金融危机后分阶段离开了自己艰苦奋斗换来的事业。关停企业,解散员工。把毕生的积蓄购买房产、股票、理财产品去保值增值,每月收取房租、理财产品的收益,规划出每月的开销。他们的提前落幕,带给中国的失业是批量的。同样一部分"70 后"在 2008 年经济危机中遭遇的重创,再去奋斗环境机遇都不再属于他们,没车没房的"70 后"从房租生活费里省下的积蓄更是赶不上物价上涨的速度,上养父母下养儿女的压力使他们恐惧和无望着。

"80 后"独生子女正在面临的是工作机会的减少,绩效工资奖金的不断缩水,他们还正支撑在重要的岗位上。"80 后"正是要养活家庭和生育下一代的时期。要面对双方四位"50 后"父母的照料。

在中国 2013 年有 699 万普通高校毕业生,面对的是就业机会的不断减少,今年被称为"史上最难就业年"。本科毕业生签约率接近 35%,同比降 12%。

应届本科生大批加入考研的队伍,以考研来摆脱就业压力,考研成了新的避风港。可是根据《2013 年中国大学生就业报告》显示,截至 2013 年,应届硕士毕业生签约率不足 30%,同比降 9% 左右。

这些还没毕业就失业的"毕剩客"们,面对的是未来的生活迷茫不知所措。这些"毕剩客"回去是啃"60 后"的老。"60 后"正在渐渐或已经失去了工作能力,正在等待着儿女们的供养。"60 后"还同时承担着对高龄父母的赡养和照料。

这些都是大多数中国人的生活现状和未来面临的重点困难。

我国还没有普遍建立起专门的医疗救助制度,而处在经济转型期的中国,属于城市低保对象的困难人群约有 2000 多万,国有企业中困难人群约占国有企业职工人数的 10%,这些人群因为没有缴费能力,只能通过建立社会医疗救助制度解决。

地方债的危机在中国已经到了爆破的边缘,如果地方债不能够旧债养新债、没有新的税收增长点,地方的财政支出就不能支付如此之大人群的工资和福利,必定走上被动裁员之路。

几乎对所有国家的政府来说,公务员人数的削减都是一个难题。一方面,政府的运作有赖于公务员的维持;另一方面,在整体社会架构中,公务员又是一个既得利益集团,减员往往遭遇来自国家机关的强大阻力。但是如果来自"不可抗力"时,削减不再是难题,却是灾难。

《公务员法》规定:"公务员是指依法履行公职、纳入国家行政编制、由国家财政负担工资福利的工作人员。"

近 100 年来,公务员是希腊的"金饭碗",是很多人的职业梦想。经济危机之前,希腊的公共服务部门共雇用了约 100 万名公务员,但近三年来,希腊公务员的数量已被裁减约 40 万,剩下不足 60 万人。而且,自 2010 年以来,希腊公务员的薪酬已经减少 40%,假期奖金也被取消。

为了削减行政开支,深陷财政危机泥潭的希腊政府选择裁减公务人员数量并降低公务员待遇。实际上,人口只有 1100 万的希腊,经济危机前的公务员数量高达 100 万人,在全国工作人口的比例高达 20%。而且,公务员享受着高薪金、高福利,不仅工作时间比私营企业员工少,还能保证终身不被解雇。在某种意义上,即使没有经济危机,这种状况也需要改变,趁经济危机之"机"大幅裁减公务员并降低待遇,提高行政效率,促进社会公平,从长远看,这对于希腊是一件好事。

不该发生的 90 年代大下岗带给中国被私有的扭曲

以下是摘自"多姿猫"(注:"多姿猫"指笔者夫人多姿融)夫人的日记:

刘军洛最近在写关于失业大趋势的文章,我奉命查相关资料,不慎开启了一段多少年来我一直不愿面对的往事。

我忘记了具体哪一年,但那一年是全国工厂大面积倒闭解散的一年,叔叔阿姨双双下岗的那一年。

我当时在读书,住在叔叔阿姨家里。他们都是红星厂的职工。他们每月工资不多,精打细算地过着每个工人都那么过的每一天。

每到周六日,阿姨都会带我去工厂里那个很大的供暖锅炉房玩,在这里打开水和洗澡是厂里给职工提供的福利。每次阿姨都会带些衣服去那里洗、烤干,那时,有很多小孩子也在那里玩。但是工厂倒闭后,这些福利都没有了。

　　叔叔是多才多艺的人,在工厂里,他可以很容易的用那些工具创造出很多家具摆设。那一代的工人好像个个心灵手巧,可能因为他们还没有重复一个动作在流水线上作业的原因。叔叔在体育上很有天赋,每年厂里的运动会他能参加好几个项目,他最擅长的是祖传的武术,当时很多厂里的职工子女都在跟他学习武术。我不记得当时我为什么那么热衷武术。那时候,每天早晨4点,和小鸟一起起床,前半小时我们围着几厂房区跑圈和压腿。然后集中到厂部前迎着阳光开始最疼的压腿训练。

　　我只记得叔叔用肯定而心疼的眼光看着我们,他用眼光告诉我们压腿无论多疼那都是不能有半点松懈的一个基本功,叔叔就是用他那让我们无法找出理由逃避的目光,让我们每一个无论年纪差距多大的小朋友们都能把压腿训练坚持下来。每天的基本功时段我都会一秒一秒地熬着,只觉得筋像硬棍,膝盖都不会转弯了。每次基本功都是含着泪水和汗水坚持下来的。压腿的时候都在祈祷这种日子快结束吧,快结束吧,但我们第二天还会坚持,我们都在风雨无阻地痛并快乐地坚持着。

　　叔叔并不多说话,但是我们却能被他的目光所震慑。他的目光有种对事物了解后不容动摇的定力,告诉我们只要学一天武术基本功都不能含糊。我猜叔叔的自信和定力可能源自厂里那个像房子那么大的机器,叔叔对它了然于胸,机器故障爬进机器的肚子里,找出一个半根火柴棍那么小的螺丝换上。

　　放学回去最高兴的就是听叔叔阿姨讲讲厂里、讲讲机器的故事,很能满足我的好奇心。在叔叔阿姨眼里,厂里的机器都是他们的好朋友。在他们的感染下,时间长了连我对厂里一切都有了融为一体的感觉。厂里哪部机器叫什么,是怎么运行的,哪个零件容易出问题我都知道了。跟他们参观工厂,加上平时耳濡目染的知识,进工厂看到那些机器不觉间我也有了指点江山的自信。

有一天放学回来,在门口就闻到屋子里有很浓烈像汽水一样的味道。本来不大的房间,赫然映入我眼帘的是几个大水缸,还有很多塑料盆和小瓶子。那瓶子是95毫升的喜乐瓶,喜乐是那个年代著名的给小孩喝的乳酸菌饮料。缸盆里凡是口朝上的容器里,都装满了白色的液体。阿姨本来是化学实验室的做检验的检验员,每天跟各种化学试剂和各种形状奇特的玻璃器皿打交道,我以为阿姨把实验搬回家里了。

在我满脸诧异中,阿姨红着脸,很不好意思还满脸堆笑,没正视我的眼睛,手里还忙着什么说"做点生意,做点生意"。

几乎是同一时间叔叔冲到装白色液体的缸面前,从缸里舀了一葫芦瓢白色溶液,咕咚、咕咚地喝了一大半,然后把水瓢扔到了缸里,说"能喝,能喝,真的能喝"。叔叔的表情怎么不是一贯的笃定和笑眯眯了呢?

我看到一大堆的喜乐瓶子,这时我明白了,叔叔阿姨两人在配合着用漏斗往喜乐小瓶里倒白色的液体。阿姨掩饰说这东西能喝,但警告我不要喝,我明白阿姨的意思,她并不是说这个白色液体很值钱才舍不得给我喝。他们认为这是不安全的。原来这是叔叔阿姨找到的新工作:拿了老板给配发的药粉,按比例兑自来水,再灌装到喜乐瓶里,每小瓶可以赚1分5厘。

我面对眼前的这一切突然的变故,无法再用言语表达。瞬间我不再是天天听他们讲故事的孩子了。

在接下的这段时间,大家都不愿意去面对、也不愿意去提及这些事情。但叔叔阿姨却在日夜用漏斗灌装着"喜乐"。从此,大家对此都讳莫如深。目光就再也没有自然坦诚地对视过。消极的情绪在每个人的心里蔓延。在上访无果、无路可走的情况下,他们只能选择沉默,承受,用良心来换取生存。

工厂许诺的下岗工龄买断的补贴迟迟不能发放,叔叔阿姨家的日子越来越难。灌装喜乐并不能满足家里的日常开销。

叔叔加入了起早贪黑的早市和晚市,去出售一些生活小用品,在那个年代虽然没有现在的城管,没有营业执照的依然会被抓,叔叔东躲西藏的摆着小摊,阿姨做一些鞋垫、织一些手套拿着换钱,渐渐的我们就没有机会边哭边压腿练习武术了。厂里每天晨练的工人和工人家属都不见了,他们加入到了人头攒动讨生活的早市了。我直到现在都怪自己叔叔教我们压腿的时候,我为什么心里像念口诀一样念"快结束"。

从那一刻开始,多少下岗工人走上了昧良心、造假讨生活的道路。叔叔阿姨走上这条活路也是非常无奈。工人们在市政府游行过,上访过,拿着棍棒保卫过工厂的机器不被拆过。可是面对他们的确是肠胃饥饿的难耐,而且面对的是一家老小的饥饿。上有老下有小,阿姨还身患乳腺癌动过大手术。时常听到的是旁边的工友家因为有个病人就会全家服毒,当时对生存的恐惧,他们又怎么选择呢?全家"包耗子药饺子"还是"全家灌装喜乐"?

换作我换作你,当时又会怎么选择呢?

这么多年过去了,这一幕却时常出现在我面前不能抹去,泪水不禁模糊我的双眼,多么善良的叔叔阿姨,走上了一条他们的良心永远不能原谅的造假路,他们不能去想买了喝了他们亲手灌装的"喜乐"。哪个时刻有多少叔叔阿姨在灌喜乐,全国有多少小朋友儿时对零食的渴望是喝着凉水加包白色粉末"喜乐"的。

这就是那个离我们还不远的全中国大下岗。这是一场本不该发生的举国失业的大悲剧。在我 2012 年底出版的《在大萧条中幸存——2013 为央行错误埋单》里详细解释了,当时中国的国内不可多得的优势,和国际市场更加难以遇到的有利局面。但是我们却选择大下岗要国人们选择要么灌喜乐要么服耗子药;要么毁灭生命,要么毁灭灵魂二选一的悲壮堕落心灵永无宁日的人生路。在越来越严重的贫富两极分化中茫然若失感叹被国家抛弃的无助。

时间一天天一年年地过去了,那个最艰难的时刻远去了,在我的记忆中无法抹去的是,那个艰难的时刻叔叔阿姨的目光。但是我把叔叔阿姨的目光就定格在了白色液体的时刻。

直到有一天,一个满头白发的对门邻居的老者敲门,找我帮忙,说电脑不会用。他们住在我们的对门,我们是刚刚搬来和他们为邻的。70 多平方米的房子住着一对老夫妻、一对小夫妻和一个 3 岁的小女孩。

在一台很小很简陋的一台电脑上,我看到了一个 QQ 界面是肇源社保,对方要求报身份证、工作单位、电话号码等信息。言语充满了不耐烦甚至粗口,可见两位老者不会电脑把对面的公务员惹的烦不胜烦。

他的女儿女婿在上班,遇到楼里还有我这么一个会电脑的"坐家"是很难得的。我按照对方的要求输入的信息,身份证信息是辽宁肇源修配厂1957年7月1日出生。"你们是下岗工人?"我脱口而出。

我的突然一问,老阿姨看我来帮忙开心的笑容停住了,还没来不及全收起就连连说"都过去了,都过去了"。好像在努力摆脱什么。

我问他们是怎么挺过来的?老阿姨没有正面回答我的问题。只是说那时候有把耗子药包到饺子里,全家吃耗子药的。

我说你们那时候工作也很难吧?老叔叔说:"那时候有亲戚在酒厂工作,有酒瓶子……"这个时候我不敢再听下去了,立刻岔开话题。

我顿时想到了当年的叔叔阿姨,我真想一下子能为他们做很多,我忙不迭地输入这些信息,对方那位公务员还嫌我的速度慢,我越着急越出错,越挨骂。我一连串地说着对不起,我的本能告诉我,我必须对电脑对面的那个公务员客气,他每天面对的有多少不会电脑儿女又都上班的老人,而这些老人就是当年的下岗工人。这些熬过来了已经年老的下岗工人们还得和公务员打交道,我希望今后这位公务员能对不会电脑的他们好些。

两位老的叔叔阿姨也很紧张,一面是面对着那个不耐烦的公务员。三岁的外孙女摸我用鼠标的手时,老叔叔紧张地抓住小孙女的手。真不忍心看他们紧张，我在公务员处理我已经输入信息的空间，把小女孩抱起来，让她去碰触键盘，意思是我不介意小女孩的打扰，我尽量开着玩笑，让老叔叔阿姨放松，面对他们，我能为他们做什么呢？我只能期盼他们不再受到伤害。

一进门首先看到的是，叠成一尺多宽码放整齐一米多高的被子褥子，大红大绿的颜色，罗在两把椅子上。他们家里简单不能再简单的装修和不配套的二手家具，最便宜的电脑。满墙贴的是学前早教的拼音字母和汉字。

他们的孩子可能是在北京买了房，女儿女婿每天上班，他们来北京带小外孙女，照顾女儿女婿过着天伦之乐的安稳的生活。

他们一定在节衣缩食地还房贷，我们刚搬来不久老叔叔说我们不要把饮料瓶和包装盒扔到垃圾箱，放在门口，他就不用下去拿了。我当时还以为是老人家的嗜好。后来，了解到老叔叔家的房子是单位给租的，老阿姨年满 55 岁可以领退休金了，老叔叔可惜不到 60 岁，虽然下岗 1 分钱的收入都没有，没有失业补贴。我"嘲笑"和他的小外孙一样只花钱没收入。老叔叔说孩子在管他生活。终于又回到了养儿防老的中国优良传统上来了。孝顺的儿女养着 4 个老人一个小孩。这让我对老叔叔一家的生活平添了几分担忧，中国不会 90 年代大下岗重现吧。

接下来发生的一件事情，让我知道"事情"真的是过去了。把我的担心冲淡些了。我多年被压住的心豁然开朗了。我的叔叔阿姨也一定过上安稳的好日子了。

"盐没了"助理念叨好几天了，在菜熟的时候，她发现又忘记买盐了,她大叫"盐,又忘了!"我建议用酱油,我话音没落地,她开门出去了,只听她在敲响老叔叔阿姨家的门了,"大爷,借点盐,明天还"。接下来我听到的是,对门的老叔叔阿姨带着热情激动的声音说,"整袋拿走,整袋拿走,我们家还有很多呢,不要还,真不用还"。

接着,伴随着谢谢的声音,助理已经站在我面前了,她举着那袋盐很是得意地说"盐来了",我大脑反映着就在这几秒钟发生的一切,我喃喃自语地说"记得还盐的时候,再加送点别的",助理扬了扬手中的盐,"那是当然",扭动着腰肢,愉快地进了厨房。

助理借盐这几秒钟,洞开了我多年不敢面对的悲伤。我的心怦怦加速了跳动,我知道,我当年的叔叔阿姨,他们当年一定没有改变他们生命中那种热情和善良,还没有被举步维艰的生活压倒心灵扭曲,就像老阿姨说的,"过去了,过去了,都过去了"。他们走过了艰难,现在的生活又恢复了过往的平静,但现在生活对于老叔叔阿姨来说,虽然节衣缩食地还房贷,但是现在的一步步努力会换回属于自己的房子。

借盐这一幕是多么温馨和谐,是属于中国人的本有的邻里之情,我这种重生的激动,被我正在看的新闻无情地打断了。我的情绪又被一种新的恐惧占据,因为我正在阅读一份当前愈演愈烈的失业报告。多么善良的人们,难道还会再看到下一代的下岗?我的助理正面临找工作,难道她也将面对比今年更加困难的就业前景吗?我的心里无法快乐起来。

我不知道这即将袭来的失业潮会不会侵袭到他们身上,我不知道饱尝失业之痛的老人们,还有多少勇气面对下一代的重蹈覆辙的再下岗。还可以"灌喜乐"谋生吗?

中国的大下岗真的是不得已付出的代价吗?我在之前的书中有详细阐述:

为什么 1998 年中国宏观政策推动中国国有企业职工大量下岗和中国住房市场商品化呢?正是 1998 年,中国财政部发行 2700 亿人民币特种国债,用于中国四大国有商业银行补充资本金,使资本金充足率达到了 8%。接着,到 1999 年迅速成立四大资产管理公司,购买了四大国有银行 1.5 万亿人民币的坏账。2004 年~2005 年,中国财政部动用 600 亿美元外汇储备,注入中国银行、中国建设银行和中国工商银行,用为坏账埋单的形式"勾销"坏账。而事实上,1998 年~2005 年中国共计投入 3.5 万亿人民币进入中国银行业,这笔钱相当于 2005 年中国经济 GDP 的 1/5。这是让所有中国人汗颜和无助的事情。1998 年的中国主要经济学家,不可能不了解美国经济早期的思想体系。同时,1998 年他们也不可能不知道这样的所作所为,必然会导致中国社会迅速出现强大的金融集团、强大的巨型企业和强大的垄断资本。

毋庸置疑,1997 年~1999 年全球石油价格不仅相当的廉价,包括全球其他中国急需的重要资源都正处于价格非常低的时期。同时,1995 年开始中国粮食产量加速度上升,到 1996 年中国粮食产量第一次突破 5 亿吨,1997 年中国粮食产量是 4.94 亿吨,1998 年中国粮食产量是创出历史纪录,达到 5.12 亿吨,1999 年中国粮食产量是 5.08

亿吨。

1997 年～1999 年中国运行在粮食大丰收的自然周期中。而 1997
年～1999 年也是东盟经济、日本经济、俄罗斯经济和拉美经济债务危
机大爆发的时期。尤其俄罗斯经济和拉美经济,这些全球重要的资源
供给国家,当时极其迫切的需要大量出售资源,来获取美元进行债务
结算。

所以,1997 年～1999 年,中国经济应该趁机开足马力加速发展。
如果当时能够进行超级的基础建设扩张,进行超级的货币供应扩张,
把贸易盈余大把花出去低价抄底全球资源,中国的历史要改写,世界
的历史也要改写。

当时我们的贸易盈余累计 1131.7 亿美元,去抢购全球重要的资
源。现在,可以创造几十、几百倍甚至是乘数效应的财富。这对于当
时的中国经济是上天给予的重要时期。

重要的是,我们当时的 1131.7 美元的购买力。对比今天的
5291.7 亿美元的购买量几乎相当。相对当时的国际物价,可见当时中
国是真正的富有。并且,如果 1997 年～1999 年我们向俄罗斯和拉美
国家购买资源,这些国家会当救命稻草般,迫不及待地倾销给我们。

当时东盟经济体和日本经济体都在陷入严重的经济危机状态中,
根本无法购买俄罗斯和拉美国家的商品。而现在世道变了,我们如果
大量购买俄罗斯和拉美国家的商品,就必须面对每天价格的暴涨。显
而易见,1997 年～1999 年中国经济真实的情况是"天时地利"。而当
时的中国却选择了自我的经济结构改革,放弃从全球市场中获取大量
真实财富的重要机会。当时,中国这种选择在 1997 年～1999 年进行

自我的经济结构改革的战略,也为未来中国经济的严重贫富分化和恶性的房地产价格埋下了结构性的伏笔。

此时,我们不难发现,如果 1997～1999 年中国能够放弃让 5000 万国有企业职工的"下岗再就业"的政策,以及放弃同时进行的房地产市场的商品化改革,去参考和学习美国政府早期推动社会基础建设的大浪潮的成功模式,来推行中国大规模的政府财政扩张,推进一场中国基础建设的大浪潮。那么,中国的经济资源不仅是绰绰有余,并且,对于中国经济使用世界资源成本也是"最优成本"。

所以,当时我们不仅浪费了全球资源价格严重廉价的时期。更重要的是,当时盲目的猛烈经济市场化实际是制造了今天中国贫富分化的重要原因。因为,人类的经济历史中,任何一场经济制度的最新制定,最重要的前提就是要首先保障经济增长速度。而在经济增长速度低迷的时刻,强行推进经济制度的重新设计,必定演变成社会财富的权贵时代。

令人匪夷所思的是,1997 年～1999 年,中国经济处于财富增长的世界大环境中,史无前例的豪华。可以得心应手、呼风唤雨地"拿来"全球各种资源为中国服务。在全球财富滚滚而来地涌到中国国门时,为什么要拒送上门的财富于国门外,从而对中国国内造成巨大的连续性的损失,剥夺了中国经济正常的发展财富轨迹呢?

这样,我们就可以作一个简单的对比。1890 年,美国的城镇化率达到 30% 水平,到 1910 年,美国的城镇化率达到了 46% 的水平,这一共用了 20 年时间。1998 年,中国的城镇化率是 33%,到 2010 年中国的城镇化率是 47%,时间略短于美国时间。

同时,2010 年中国人均 GDP 是 4830 美元;而 1910 年美国人均 GDP 在 2100 美元时候,就达到中国目前的城镇化率水平;1920 年美国人均 GDP 突破 3000 美元的时候,美国的城镇化率达到 50% 的水平。而 2002 年,巴西人均 GDP 是 2583 美元,巴西的城镇化率的水平是 61% 。还有,一般而言,当一国或地区人均 GDP 超过 3000 美元时候,其城镇化率会达到 55% ~65% 的水平,日本、韩国、中国台湾等亦表现出一样的现象。而目前,中国人均 GDP 已经突破 5000 美元的时候,中国的城镇化率只有 49% 。

中国的经济资源实际是非常强大的。在 1997 年 ~1999 年,如果我们能够不去人为地压低中国经济增长速度,包括不去推行大量经济制度重建,那么,今天中国社会的住房问题就不会是今天的灾难问题,中国百姓才能获得中国经济增长的利益。到如今这一切只能都是假设当年了。以十年前的土地价格计算,我们让房地产商人来主导我们的房地产商品市场,是绝对愚蠢和自毁长城之举。

无论是早期还是现在的任何一个工业化国家,都有一个必然的转换历程,就是大量的闲散农业人口,向高密集型的重工业人口转移。就是说,中国是人类历史上前所未有的拥有 13 亿人口的世界第一人口大国,那么中国在这么一个农业人口大国向高密集型的重工业人口转换过程中,城市的土地必定是不可估量的财富。而任其以私人的投资者来主导这个市场,尤其是政府和私人共同主导这个市场,那必定是形成社会资源分配的严重不均。必然形成了大量社会资源恶性囤积在房地产市场,人为降低中国社会的劳动生产率。

再以煤炭为例,十年前煤炭价格是 20 元/吨。十年前你就是不懂

经济你看看美国 1860 年后重工业建设对煤炭的需求就会知道,我们
十年前会把煤炭资源拱手送给私人老板。现在一吨煤炭的价格是 500
元,一吨煤炭的成本不超过 150 元人民币。中国现在每年需消耗 30
亿吨煤炭,每年煤炭市场至少有一万亿人民币的资源财富去向不明。
中国现在医疗教育上的投资是每年 3000 亿元人民币。如果每年我们
把这一万亿人民币的煤炭资源转化成财富,进入我们的教育与医疗体
系,足够满足中国全民基本的公共需求了。我们和我们的下一代,就
不会为了最低的生活保障而辛劳一生。如果我们在没有基本福利保
障的情况下,绩效工资制就会导致我们变成为生存奔波的马达,使得
我们思维禁锢,被迫远离科技创新。失去了自我的独立思索空间,任
凭为了生存被罪恶洗脑吗? 使整个社会走上为生存去投机和堕落的
道路吗?

当时,中国处于经济塑形期的早期基础建设时期,当时中国社会
本应该进入一个史无前例的、加速度城镇化和股市超级上升的经济大
周期。

所以,1997 年 ~ 1999 年中国也是本应该处于强劲的经济增长时
期。当时,中国经济处于超级通货紧缩时期和超级财富的外部购买力
大时期。任何一个国家都会同步大规模推进社会基础建设和大幅度
提高居民购买力,但我们推行了大规模失业、推行了取消福利房分配
和大规模减少基础建设的一系列措施。1997 年 ~ 1999 年本应该是上
帝赋予中国经济大腾飞的时候,结果却遭遇以主流经济学家为首的中
国经济大改革。也就是,中国经济的先天和自然财富,最终被中国少
数人用洗脑和改革的方式掠夺。而更加具有悲剧色彩的问题,我们中

国并没有依靠1997年～1999年的超级经济改革,获取到世界的核心技术地位,至今我们还只是复制了古老的经济增长模式——依靠大规模模仿世界低技术和依靠大规模的农业人口转移的经济增长模式。

据《中国统计年鉴》的资料,我国原有国有企业的职工1.1亿人,1998年国有企业职工人数则为5200万人,而原为4000万人的集体企业职工,更是锐减为1000多万,这减少的7000多万原有国有和集体企业的职工,除一部分直接转到非公有制企业外,大部分人都有一段或长或短的下岗或失业的经历。以一家三口计算,受到直接影响的人群超过2.1亿,间接影响的人数就更多。

所以,1997年～1999年的中国超级经济改革的真正受益人,今天只有两个阶层的人群:一群是,中国的房地产商人、银行业、煤炭老板和权利的财富人群;另一群是,美国全球化战略成功的受益者们。

至今为止,我一直谈论美国强盛的秘密是来自"中国经济学家+中国媒体"这两个行业在中国的兴盛。中国经济学家负责制造毁灭性错误的经济政策,中国媒体负责把思维错误以百姓各种喜闻乐见的形式,送到中国每个民众的大脑里。

在2008年经济危机爆发以后,后"4万亿"迅速催生经济、结构性产能恶性过剩后,国际上各个国家也都处于经济萎缩状态,无法大量进口中国国内产品,中国的企业没有庞大的后续资金来支撑"4万亿"以后的重复性、恶性经济建设,大范围的中小企业破产,甚至剩下的很多企业变成了融资平台,失去了容纳工人就业的功能。这些离开岗位的工人,如同1994年的失业潮,他们四处找工作,打零活儿,也有走上了个体户的道路。由于美国制造业的再复苏,中国经济全面变相紧缩,国企在美国第四次工业革命的到来下,页岩气率先发力,无人驾驶汽车,大数据时代,3D 打印的潜在冲击下,中国的国企正在成为落后被淘汰的那部分。在面对经济形势的恶化,失去竞争力的国企也同时意味着职工的大下岗。

中国的失业正在自下而上,步步推进。中国经济政策到了如履薄冰的时代,一个错误的结果即将到来——多米诺骨牌似的全民失业潮。这次失业的到来不仅仅是 1994 年大失业的再版,以公务员失业为标志的大失业潮,其严重的破坏力将远远超过 1994 年。在好多人面临着高额的房贷、车贷、教育贷的背景下,失业意味着没有稳定的收入可以负担这些贷款,在银行催缴的情形下不得不卖房卖车还清这些负债。

纯粹的失业并不可怕,可怕的是伴随而来的物价上涨和货币贬值、房价暴跌,人们无以为生,那时,最火的生意是讨债公司了! 人们在空气污染、水源污染、食物污染中挣扎,缺乏医疗保障,疾病蔓延,一个个家庭被拖垮,家徒四壁。这是毁灭性的阵痛,毁掉中国亲历这次失业潮的所有受害者。中国人在哭嚎中等待拯救或者毁灭。

国企改革导致大批国有企业工人下岗失业,高等教育产业化以及医疗产业化都加重了弱势群体的负担。当年的改革将中国变成世界工厂,实际上是中国发展战略的重大失误。当时的政策下使得大批的国有企业破产,让许多的研究机构关闭,使中国的创新能力衰退。

公务员和国有企业员工下岗的再就业

2013 年 7 月份,河南省济源市城管监察支队数十名队员打出"如此工资待遇,何以养家糊口"的横幅,喊着"我要生存、还我尊严"的口号,在市政府拉起横幅堵在大门口要求涨工资,城管就是负责驱散上访人群的,现在连城管都在集体上访,谁来充当驱散城管的城管呢?重中之重的维稳工作者自己都不稳了。这是一个偶然现象,还是暴风骤雨来临前的雷阵雨?

原来这支支队共有 160 多名队员,分为财政全供事业编制、自收自支事业编制和企业编制三部分。其中企业编制人员 110 多人,月均工资仅有 1200 元左右,而 2013 年河南省最低工资标准为 1240 元。这次要求涨工资的队员都是企业编制人员,年龄均在三四十岁,他们上有老,下有小,生存压力使他们忘记了自己的职责。

早在 2009 年 6 月,他们也上访过。政府为此出台了临时工每月补 100 元,企业编制每月补 200 元,自收自支编制每月补 300 元的方案。但 2009 年给大家补贴后,再也没给他们涨过工资。而物价年年涨,"地方财政全供"的事业编制的人员工资也不断上调。所以每到一些地方政府拿出事业单位编制进行招聘城管时,就会出现博士、硕士来争抢。博士硕士争当城管不过是要个工作稳定,中国愈演愈烈的公务员考试,同样反映出中国就业环境的不断恶化。大家不是以发挥自己创造力为生活目标,现在只是想找到能安稳地活下去的饭碗,无论是怎样的职业都无所谓,即便是令人生畏的殡仪馆只要是吃财政饭,都会挤破头。高学历的学子正在为生存放弃尊严。这仅仅是中国人"忍人不能忍"的生存法则吗?能吃上有编制财政饭的公务员不多,很多企业已经在 2005 年后逐年甚至完全取消了吃财政饭的编制,这是企业自身在减少负担的权宜之计。

我国还在寻租的这种模式里挣扎时,2013 年 7 月出台《关于服务民营经济发展的若干意见》其中一条是"允许公务员提前退休或辞职创业的政策"引起社会关注。根据规定,对工作年限满 30 年,或距国家规定的退休年龄不足 5 年且工作年限满 20 年的公务员,可以提前退休进行创业;还允许事业单位工作人员离岗创业,可以一次性发给相当于本人 3 年基本工资的补偿金。

2013 年我国城镇居民人均收入实际增长 6.5%,但是在去年同期是 9.7%,出现了 3.2 个百分点的回落。工资性收入增长的速度在回落,经济下行期企业的效益有所下滑,因为国际经济环境趋紧,经营性收入增长速度也在大幅回落,企业在大量倒闭,而利润也在大幅下降。农民收入增长速度的回落主要是由于农产品价格增速放缓,部分农产品价格甚至出现了下降。农民从事生产经营所得到的收入下滑了将近 10 个百分点。其中下滑比较明显的是生猪的价格以及农民养猪所得到的收益,总体来说牧业现金收入同比下降 2.8%。

第11章　正确的城镇化布局化解转型危机

中国的地方债已经是全方位的漏洞，举新债还旧债；挪用未来的支出过现在的生活；抵押居民个人资产发放工资、福利、养老金，等待安全度过任期，成功把漏洞传给下一届；地方债融资平台集资的钱投资下落不明，或烂尾工程投资打水漂没有收回成本和盈利的可能性等。被"4万亿"刺激了以后的中国经济，已经不再是以前的中国经济配置和体系了，"4万亿"把所有的漏洞加倍放大，没有加入到地方债里的单位和个人，这次4万亿都悉数把大家拉进了地方债、高利贷的圈子，以至于中国上下被地方债紧密地"捆绑团结"在了一起，达到牵一发而动全身的危机状态，任何一处地方债举债还债的模式不能维持的时候，就是动一根头发全身动的后果。这是在眼前可以预期的，同时同步的地方债毫无抵抗地大崩溃的可能性。依靠短期逆回购的缓解，已经是没办法的办法了。所以还是需要切实可行应急预案作为后方阵地得以保留，就是类城镇化租界。

中国制造业壮志未酬身先死

中国制造业走过了辉煌的 20 年,推动了世界的进程。可是现在的中国制造业正在死亡线上挣扎着成批死去,有点规模的企业破产是没有那么容易的一件事,破产意味着一连串的债务链条。很多企业早已奄奄一息,却还继续坚持面对越来越严峻的世界贸易市场的订单减少和利滚利的高利贷。中国制造业发生了什么?是中国工人不勤奋了,还是企业主们没了创业的斗志?这些好像都不是,中国人的韧性和吃苦精神世界第一不容置疑。所以,在中国除了政策可以杀死企业以外,中国人永远会前进再前进下去。中国人永远是片刻不偷懒克服一切的工蜂,但,再智慧再任劳任怨也抵不过突然袭来的又迟迟不过去的冬天。

中国制造的困难好像都是那么顺理成章,因为在美国 2008 年次级贷危机爆发后,在中国"大跃进"的方式大扩低端产能的冲击后,有的是更加超负荷的产能过剩,中国制造更是没有新的可持续盈利增长点。

扩大产能造成的一个大批新增产能,又失去了后续资金支持。有限的贷款资金流入 70 大国企,又变成高利贷吞噬中国生力军的民企的全部利润,导致大型民企在国企高利贷的盘剥下倒下,重复中国古老的衰败模式。比如,明朝最终的土地高度集中,农民承受的高利贷达到 80% 以上,最终,大量农民变成流民。

在国际大环境萧条的情况下,人民币的长期升值,严重削弱中国制造业的竞争力。

长期以来的中国企业高出 GDP 的税负和各种摊派,这些负担对于一个正常运转的企业也不是致命伤。

日本在积极推动新的制造业基地在东盟,大量投资。外围东南亚制造业的崛起,虽然目前尚不能形成取代中国制造业的产业链工程,但也在蚕食中国制造。但东盟货币一体化达成之际,就是东盟贷款利率急遽低廉的时刻。对中国制造业的冲击不可小觑。可是东盟对中国制造的影响危及中国制造的生命那还需要时间,绝不是现在。

美国时代——页岩气、3D 打印机、机器人的普及严重解决了密集型生产模式的去人类工人的进程的新时代。这是人类的一场新的工业革命,在模仿力非凡的中国制造,全面跟上步伐不一定可能,但不会被甩到死去。中国本身的庞大市场,就会让中国制造活得很好。

近在眼前的日本的量化和贬值的围攻完全有简单的退敌之策……

中国制造看上去不行,理由可以一直列下去,最后必然得出中国制造业必死的结论。是的,在十面埋伏合力的围剿下,这样下去必然会导致中国制造业世界的巨人中国制造在慢慢倒下。世界永远需要制造业,制造业也永远是在不断创新中生存。中国需要中国制造、世界需要中国制造但中国制造还是会在我们面前慢慢倒下、渐渐崩塌。

我们中国人在告别中国制造的时刻,我们的未来需要新的承接,这也许是时代的步伐,不可逆转,但我们应该在新的舞台崛起。世界的元素永远在那里,考验的是我们的智慧去如何组合如何分配。世界的困难和阻碍也永远在那里,不会因为带给我们不公和痛苦就会减少。世界永远是希望和困难的共同体。所以，不要在抱怨中死去。我们要在创造中快乐生存。

改革开放以来，房地产经济掠夺了农民，农民唯一拥有的财富是土地，却被中国的房地产掠夺。大下岗以来的下岗工人在这些年中，依然在贫困线以下，能够获得一定财富的下岗工人及他们的后代，又成为了第二次被掠夺的对象，中国的中产是这次4万亿灾难的买单者，为计划经济和1958年"大跃进"付出代价的是当年的体制改革，公有制改私有制付出的成本。

当年的下岗工人拥有的工厂就是工人的财富，就像农民拥有土地。大下岗就是收走了工人的财富，当时最有钱的就是工人。

如今，中国制造业面对债务爆炸近在咫尺。

中国制造业和中国中产阶级是被4万亿牺牲的一代。

中国制造业和中国制造业所吸纳的中国工人，伴随中产阶级高位接盘后房价暴跌，付出的是积累的财富被掠夺和失去了就业机会。这次以制造业沦陷为基础的财富洗劫和大失业，在美国制造业回流和科技进步的引领下，中国将走上结构性漫漫失业之路。在中国制造业走上这必然道路的上面，如果能在准确的时间开展正确的新城镇化，是中国的希望。

经济政策的实施就像农民赶农时播撒种子，在农时到来的时候，农民会聚全家之财力物力人力，去抢短暂的农时。因为错过农时，不但意味着颗粒无收，而且是白白浪费了人力物力，造成更大的损失。

在这危急的时刻，需要最精准的政策，对世界经济和自身经济精准的评估，这一切是那么难的把握，稍一疏忽将酿成大祸，沦为千古罪人。

回想 1929 年前的美国,经济规模世界第一,面对出现的债务危机和社会矛盾,胡佛很自信很笃定,采取了紧缩的政策,认为不过是一个消息的硬着陆,后果却是酿成了波及世界的大萧条和第二次世界大战。所以城镇化是现在最合适推出的弥补性政策。

在地方债化为乌有之前大举推进类城镇化租界

我们的大量智慧型工作岗位的城镇化、去工业化的城镇化和再建超级大城市的城镇化,也许就是我们脚下正在开辟的伊甸园。同样伊甸园的元素就在那里,考验的是我们如何把它变现成为我们的快乐归宿。

中国正在处于城镇化发展的中段时期。这或许是上帝赋予中国的最伟大的财富。因为,欧洲和日本正陷入老龄化时代。所以,我们会看到未来 20 年中国地区将有 3 亿人从农村地区进入城市,中国地区是新型城镇化的主旋律。而且,欧洲和日本地区是 1 亿进入养老院,欧洲和日本地区则是城市大收缩的地区。

城镇化是世界任何国家发展到一定时期的必然阶段和产物。但是,"城镇化"三个字是我们中国沉甸甸的未来。最佳的城镇化方案是我们每一个人努力的方向。我们的伊甸园不知能否实现,但我们必须先有我们的梦想和设想。只有有了梦想,才有化为现实的第一基础。宜居的城镇化是我们和我们子孙后代的城镇化。

"城镇化"这三个字,包含了许多心灵的创伤。如今,中国强大的海市蜃楼的制造业实际是建筑在 1 亿农民失去农田;大量河流、土地和空气灾难性污染等基础上的。未来的中国新城镇化应该复制美国 70 年代开启的"去工业化"模式。美国过去 40 多年的"去工业化"的努力,伴随着美国大量失业工人的出现。但是,美国经济也从中可以集中优势资源,突破传统经济模式。20 世纪 90 年代,美国经济诞生了一场引领世界经济的新经济模式——网络经济。如今,全球的新四大发明——大数据、智能手机、3D 打印机和机器人全部是在美国开创和遥遥领先。同时,新能源革命——页岩气,在美国地区已经形成重大突破。

所以,未来的新城镇化将不再是向农田、居民住宅和森林等索取土地,而是一场世界上最大的"去工业化"。将向化工厂、钢铁厂、塑料厂、纺织厂、电子加工厂等索取土地的革命。如今,中国居民消费只占到 GDP 的 35%,美国是 68%,印度是 65%。同时,中国却需要大量向全球市场倾销大量中国制造的产品。也就是,一方面大量的中国人无力大量购买中国的产品,或者必须辛辛苦苦藏钱再藏钱。大量向全球倾销的中国制造业产品的利润无法改变中国大量低收入人群的收入。以至于产生一种新版闹剧,一个中国的工程师,在中国市场的收入是 10 万人民币一年,如果移民到美国,这个中国的工程师的技能什么都没有变化,收入却可以是 10 万美元一年。这是为什么呢?

在中国珠三角、长三角、渤海湾是未来中国新型城镇化的主要战场。西部和中部是不适合的。

中国目前 M2 世界第一,GDP 占比高达 200%,是世界最高的。美国是 70% 的水平。这是长期推高中国制造业成本的结果。这种成本的过高已经给东南亚提供了机会,东南亚趁机崛起,这对我们的制造业也是一个长期压制。东盟地区人口 10 亿人。而日本企业已经长期的大规模渗透到东盟的经济体系中。目前,以越南为例,在越南的经济开发区中日本企业的规模都普遍超过 50%。并且,日本企业大量无偿为越南建设高速公路。我国经济一直以房地产拉动的模式遭到了外部制造业大崛起的挑战。中国这种发展模式不能再持续。并且,已经陷入结构性的大惨败时代。

四大科技革命技术现在全在美国手上,能源革命也是美国开启。如果我们不马上开始追赶并试着超越,那么四到五年后,美国将不仅仅远远超过我们,而且是再次引领世界的第四次制造业革命。

第一次工业革命发起于英国,这是由于当时英国所拥有的煤炭要强于美国和德国。第二次工业革命是在美国和德国,这是由于美国和德国当时的石油资源超过英国。现在第三次革命即将来临,也是能源的问题。

因为美国的页岩气投入达到规模效益的时刻。那么美国所发掘出来的资源将超过全世界的所有国家。2020 年美国将成为全球最大的能源出口国,到时将完全消灭我们的制造业。同时,目前美欧、美日推进的自由贸易区的建立将会在短期内危害我们的制造业。

我们国家现在必须保持经济增长的高速度。现在还没到惨败的时刻。我们还有强大的反击力量,要看到中国自己的巨大优势。我们正面临人才革命。清朝的时候,大量的中国人要了解世界的先进技术是非常困难的,只有少量人才才有国际视野,而当时的少量人才却渴望为权贵们卖命。现在电脑、智能手机、互联网已经改变了世界。现在的世界许多地区已经消灭了阶级,没有了贵族。一场人才革命已经开始,一切都通过科技革命瞬间传导到世界各地。现在的"85后"并不愿再在传统的思维和体系里纠缠,而更愿意去做自己想做的事情,更愿意没有束缚闯出自己的一片天下。现在保持高增长,就是要保持高的就业率,给年轻人平台和空间。一个国家犯错并不可怕,往前走可能是险山恶水,但是如果走下去,将会是一番新天地。后退则必死。

现在就业陷入十几年以来最困难时刻。大量大学毕业生收入骤降,大量年轻人没有机会发挥自己的创造力和运用自己的能力。如果继续如此持续下去,对未来中国经济的影响将是灾难性的。同时,这会进一步强化中国国企的市场控制力。现在就是要推动经济高速发展,为年轻人提供就业,给年轻人成长的空间,也为未来的中国经济打下人才基础。

1930年的世界性大萧条中,日本高桥直接使用财政赤字手段,这种政策按当时经济学观念来看是严重错误的。但是,正是这个"错误"让日本快速走出大萧条中并获得发展,也为之后日本对中国的侵略积累了大量的资本和优势产业。

我们的历史和现在,永远是沉溺在自己的环境中,不愿意去大刀阔斧的改革,不愿意去正视美国的新革命。这些被传统禁锢的人正是造成中国今天这样经济局面的罪魁祸首。未来不能再继续被他们所主导,而是需要新的思想、新的观念,最重要的是新的人才。

2008年的"4万亿"进一步加大了产能过剩,低端产品大量过剩。如果当时将这些钱投到特定的领域,也许会带来一次新的革命。如果没有"4万亿",现在的物价不会这么高,年轻人即使薪水低也能正常生活,不会有现在这样大的压力。现在北京的物价甚至高过纽约,这种扭曲也在某种程度上扭曲了年轻人的生活态度和创造力。

清朝的海军可以说是亚洲第一,超过当时日本海军。当时,日本海军尽可能获取西方新的装备,新的技术。清政府却故步自封,很多清朝海军高级军官是"海龟",但是他们感觉不到世界在发生翻天覆地的变化。也有少数人感觉到这个变化。现在有些中国官员觉得中国腾飞了,却感觉不到外面的世界也在发生着巨大的划时代变化。科技在创新,世界上的所有国家都在寻求这种创新。我国还在寻租的这种模式里挣扎,却没有勇气去寻求新的进步。

当我们被迫选择了紧缩,那么我们就已经成为长期失业大军中的一员。

结语　从大萧条到大失业

2013 年 7 月 10 日,著名经济学家吴敬琏先生在媒体上指出:"今年 6 月下旬金融市场发生'钱荒'波动之后,网络上对货币当局对流动性的把握的评论出现了很大的分歧。大多数经济学家从长期进行分析,认为中央银行没有什么错。但是,也有许多网上的评论认为在出现了钱荒的时候,作为最后贷款人的央行在十多天的时间里不施加援手,是政策上的失误。在发生了短期性流动性短缺的时候,央行在什么情况下应该出手,是可以讨论且应该总结的。但是我觉得对中国来说,我们所面临的主要是长期问题。所以,如果仅仅把我们的关注点放在短期货币政策的操作上,可以靠央行'放水'渡过这一次危机,可是由于没有消除产生危机的根源,随时还有可能爆发新的危机。在我看来,这样有可能会放大危机,这就不是中央银行所能解决的了。问题的根源,在于我们经济增长的模式发生了问题。"

同时,吴敬琏先生指出:"2008 年中国政府推出的 4 万亿财政扩张,是目前中国鬼城出现根源。"

　　紧接着,7 月 17 日,中国财政部长楼继伟先生指出:"今年,中国不会出台大规模财政刺激政策。"

　　也是 7 月 17 日,国际货币基金组织(IMF)指出——"维持 2013 年中国 GDP 增速预期在 7.75% 不变,高于中国官方预期的 7.5%;中国需要限制信贷增长,防止风险在金融行业进一步积累;只有在经济增速降至远低于政府目标时,才有必要推出财政刺激;人民币温和低估;中国地方政府债务显著扩张,呼吁对地方政府财政进行整顿;中国的影子银行活动增加,可能会导致隐藏的坏账积累,危及金融稳定。"

　　从经济学家吴敬琏、到财政部长楼继伟,再到国际货币基金组织,他们都不约而同地指出了中国经济现在需要限制信贷增长和控制中国财政扩张。这种罕见的一致性的背后,是中国经济增长速度已经下降到 7.5%。

　　单从中国经济增长速度已经下降到 7.5% 这个数据,去质疑吴敬琏、楼继伟和 IMF 的呼吁,大家肯定反对,尤其是被高房价快折磨疯了的中国人。中国若采取"保守货币+保守财政"将是一场灾难性威胁。

　　如今,欧洲经济正在陷入一场灾难性的经济大崩盘运行中,那么"货币紧缩+财政紧缩"的中国宏观经济政策又将会引发怎么样的全球性灾难呢?

　　这样,我们就非常有必要研究明白 2008 年全球性的大萧条究竟是怎么样爆发的? 真的是美国次级债危机引发的吗?

　　所以,我们再回头来看吴敬琏先生 2008 年 3 月在中国媒体上发表的话,当时吴敬琏指出——"通货膨胀是指物价总水平的持续上涨。

因为货币过量供应,大量的货币追逐少量的商品,需求关系就决定了物价上涨。一般认为,居民消费物价指数(CPI)在3%以下应该说是正常的,3%左右还可以,说是温和的通货膨胀,超过了5%就应该叫做高通货膨胀了,当然还不算是恶性的通货膨胀。通货膨胀不管是由成本上升触发,还是由需求强劲触发,从根本上说,都是一种货币现象,是货币超发、流动性泛滥的结果。由于大量货币追逐少量商品而造成价格上升,或者房地产、股票、收藏品等资产价格的上升,叫'资产膨胀',或者是消费品物价指数的上升,叫做'通货膨胀'。在经过若干年的货币超发积累之后,到2006年,开始在资产泡沫的形成上表现出来,到了2007年中期,通货膨胀也十分明显地表现出来了。既然通货膨胀是一个货币现象,要抑制通货膨胀,从短期的观点来看,办法只能是采取从紧的总量政策。"

2008年3月,吴敬琏为什么提出要"中国应从紧货币"呢?的确,2008年2月,中国的物价指数已经上升到了8.7%的高通货膨胀水平。

而在2008年1月,中国央行已经上调存款准备金50基点,至15%。3月,中国央行继续紧缩,上调50基点,至15.5%。

同时,2008年3月,吴敬琏先生也指出:"美国次级债对中国的影响究竟怎样,也还很难说。现在看,中国金融机构持有的次级债数量不大,所以影响不会太大。"2008年3月,美国次级债危机已经导致美国第五大投行——贝尔斯登公司破产。

大家必须明白全球市场的结构错综复杂并且力量对比随时变化,中央银行通过各种数据和各国政府动态来预期未来通货膨胀会达到什么水平,从而分析出通货膨胀是否真的存在,存在背后的真正缘由,而不是被短期的通货膨胀率魅惑而被控制行动。在 2008 年 2 月,本人发表了文章指出:"全球经济很快就会进入大萧条和中国股市年底将暴跌到 2000 点以下。"结果,2008 年 9 月全球性大萧条爆发,包括中国股市从 2008 年 2 月的 4300 点,一路暴跌到年底的 1800 点。

到 2008 年 11 月,中国央行和中国政府不是防通货膨胀了,而是去紧急抢救大萧条中的中国经济了。

现在,大众化的理解力都是,美国可怕的 1.3 万亿美元次级债与其背后的几十万亿美元的衍生品市场惹出了此次大萧条。首先,一张衍生品合约的产生是一个做空者与一个做多者的价值对立中的财富转移过程。衍生品是一个没有错误逻辑程序的市场,一旦程度出现滥用就可以摧毁整个世界经济体系吗?那为什么 2000 年后,美国网络技术股票市场的崩盘与随后产生的 10 万亿美元财富损失并没有引发当时世界性同步崩盘呢?同样,1990 年后日本股市与房市的 15 万亿美元消失为什么也没有引发那时的世界性同步衰退?所以,真正的问题是世界主要央行在 2007 年 9 月至 2008 年 8 月期间,同时段与同性质犯了错误,让世界全部交易者与制造商一致性面对账面损失与流动性紧张,从而产生集体性被迫抛售性的大萧条。

在今天信息全球化、资本全球化、衍生产品全球化中无时无刻都存在着一个资本央行,更确切地应该叫"套利者央行"。

2001 年 ~ 2006 年日本银行采纳了货币主义学者克鲁格曼的建议,推出了定量宽松货币政策。这种政策立刻制造出一群当时世界上最繁忙的"日元利差套利交易者",这些交易者的运作模式是大量从日本地区借入廉价日元,迅速转换成高息美元、欧元、英镑、新西兰、卢布等货币,再投资高息货币地区的房产、债券、股票与衍生品。这就意味着2001~2006年日本银行注入日本经济体的日元货币,1秒钟后出现在美国次级债市场对冲基金,或波兰一位普通家庭购房者手中,这种资本的大规模、高强度流动现象在传统经济学中是不可想象的。

美国次级抵押贷款占全部抵押贷款市场份额从2001年的5%,迅速上升至2006年的20%,高达6000亿美元次级债在2006年被销售一空。非常清楚地显示,日本银行、中国人民银行与美联储,全球这三大主要央行是美国次级债的共同创造者。这样,美国次级债就有了一个非常重要或致命的生存条件——日本银行、中国人民银行与美联储不能以本国经济为货币政策方向,而应建立世界统一的货币政策的方向目标。

"日元利差交易者"投机美国次级债市场,其收益会大致来自三个层面。第一层面——固定收益层面,也就是美元与日元之间利差的稳定无风险性收益,这层是属于金字塔底层。第二层面——低收益层面,也就是优质AAA债券,这层属于金字塔中层。第三层面——高收益层面,也就是高风险债券或可能的违约率债券,这层属于金字塔顶层。这种金字塔式的投机模式,是有一定的抗市场风险压力的。但这种模式的问题是,如果风险从顶层开始扩散,这种模式的抗市场风险压力是存在的。但这种模式的倒霉问题是,如果风险从底层扩散,那这种投机模式将是致命的。而2006年的问题就是从底层发生了,2006年7月,日本银行结束了零利率政策,将短期利率调高至0.25%;2007年2月,日本银行再次将短期利率调高至0.5%。2006

年日本银行为什么要结束定量宽松日元政策,结束定量宽松日元货币政策会对当时美国与欧洲地区地产市场产生什么影响？这个问题目前全球经济学都不会去思考。

日本银行从底层冲击日元利差套利美国次级债组合的效果立即产生了。2006年下半年,美国房市出现回落,到2007年上半年这种回落的态势还是相当平稳的。但2007年年初美国的次级债公司已经出现了倒闭的现象,如果从房价回落来解释这些小批量次级债公司倒闭应该是不成立的,因为2007年上半年,美国楼市行情还出现过不错的表现,以做空美国次级债而闻名的约翰·保尔森的基金那个时候是亏损的。所以这些在2007年年初倒闭的美国次级债公司主要是因为日本银行从底部冲击了日元利差套利美国次级债模式,部分日元利差套利者离场,这严重损害了部分抗风险能力较差的美国次级债公司,从而引发部分倒闭现象。这也说明了从底层冲击的杀伤力是致命和有效的。值得庆幸的是,日本银行的行动有限。在2007年上半年展期的高收益债券的收益率表明,投资者估计的违约率只有1%,说明投资者对市场的长期预期是非常有信心的。花旗、美林的2007年二季度的财报可以用"漂亮"两字评价。

2007年9月真正验证了,当上帝要摧毁世界时,他会派出合适的人选。

2007年下半年到2008年年中,中国央行更加严厉的货币紧缩政策,让中国股市从2007年10月的6000点高位,迅速下降至2008年8月2000点以下。中国股市崩盘完全早于美国次债危机爆发的2008年9月。而2008年9月,美国次债危机爆发的时候,美国股市还是处于 11000 点的高位。

2008 年的全球性大萧条,是自 1930 年大萧条以来,全球经济政策首次出现一个主要工业化国家陷入衰退时,其他主要工业化国家货币政策会提早进入高紧缩货币状态。这就是为什么 2008 年发生的是百年一遇的危机,当时的"全球套利交易者""日元利差交易者"都遭遇到中国央行史无前例的货币紧缩和美国次级债危机联合毁灭性的打击。

最保守估算 2001 年 ~ 2006 年"日元利差交易者"从日本地区拆借的资金规模在 5000 亿美元,以最保守杠杆计算这笔资金全球市场规模也在 5 万亿 ~ 10 万亿美元。即便当时全世界全体中央银行迅速反应,集体向全球市场全力注入货币,也不可能抵抗日元利差交易者疯狂逃离全球市场而产生的 5 万亿 ~ 10 万亿美元的杀伤力。

中央银行的重要责任是什么?

答案:防止全体市场参与者出现同步方向性一致行为。

2008 年,中国央行和经济学家们首次在美国经济陷入大衰退的时候,通过史无前例的紧缩国内货币政策来压制全球经济,首次让世界无处不在的"套利者中央银行"在 2008 年解体。

2008 年是货币主义为人类创造理论验证实践的一年。那我们明天的世界还会让货币主义者们创造出破产者与失业者大军吗?答案是肯定的。

2013 年 5 月,欧元区进口和出口均下降,说明欧元区经济陷入连续 7 个季度的收缩趋势,这是战后欧元区经济所经历的最残酷的收缩期。2013 年上半年,欧洲汽车半年度销售量急剧下降 6.7% ,是 20 年来最低水平。

与此同时,欧元区 2013 年 4 月失业率升至 12.2%,刷新 3 月所创的 12.1% 的纪录高位。截至今年第一季度,欧盟 27 国就业人口总数为 2.219 亿人,欧元区为 1.451 亿人。其中,欧元区第一季度就业人数创 2005 年第四季度以来的逾七年新低。还有,欧盟统计局最新数据,4 月,欧元区年龄在 15 岁～24 岁的年轻人整体失业率升至 24.4%,创 1995 年开始统计该项数据以来的最高水平。

那么,在欧元区经济陷入大衰退的过程中,中国经济政策为什么不能走"保守货币+保守财政"呢?

这样,我们就必须再回到传统经济学不知道的"套利者中央银行"身上。

从 2009 年 3 月至今,美联储推出了前所未有的 QE1,QE2,QE3 和 QE3.5 版本的量化货币政策。在美联储史无前例的量化货币政策中,全球金融市场会迅速产生一批套利者,他们就是"美元套利交易者"。

"美元套利交易者"交易模式是美元贬值预期下的对冲资产,这些资产是黄金、石油、欧元、人民币资产、印度卢比资产、俄罗斯卢布资产、拉美地区资产等。这些"美元套利交易者"从美国地区拆借了 8000 亿～10000 亿美元资金,杠杆放大资金规模不低于 10 万亿美元。

如果,"美元套利交易者"也就是"套利者中央银行"逐步从全球市场上退出,全球经济应该会承受这种渐进方式的冲击。但是,如果"美元套利交易者的央行"在短期内集体性撤离全球交易市场,那么人类就会进入第三次世界大萧条时代。

2009 年 3 月,美联储开始的 QE 行动中,美联储通过超级存款准备金的手段,实际上控制了大量流动性货币在美国银行业的手上。这样,必然会产生大量的"美元套利交易者",投机全球的风险性资产,包括中国的房地产。到 2012 年,美国银行业的手上大量储备的流动性开始进入美国的房地产市场。同时,全球性新增加的"美元套利交易者"数量开始进入减少模式。

1929 年,美国股市爆发灾难性的大崩盘。而进入 1930 年 1 月~4月,美国股市强劲反弹。于是 1930 年 5 月,当时的美国总统胡佛发表讲话,告诉美国民众与全球市场——我们现在已经度过了最困难时期。结果,事实却是从 1930 年 6 月全球股市与经济是进入了真正的崩盘年代。

如今,在全球市场上新增加的"美元套利交易者"数量开始进入减少模式的时刻。中国央行和中国经济学家却奋不顾身地要推进一场中国经济的结构性改革。

再回到 1929 年 10 月"清算主义"的世界。约瑟夫·波特的"创造性破坏"理论,让他在 1929 年 10 月成为了"清算主义"者的思想库。在"清算主义"者看来,1929 年 10 月的美国股市大崩盘是"完全积极健康的过程,是需要用足够的耐心、乐观的态度和平和的心态让其发展下去"。美国财政部长安德鲁·梅隆就是当时一个臭名昭著的"清算主义"者,他对美国总统胡佛的解释是:"这次股灾是帮助美国经济根除经济体系中的结构性问题,过高的生活成本和商业成本将会下降,人们会更加努力工作,企业家将更加优胜劣汰。"

2013 年 7 月 21 日晚间起,一则被广为转载的消息称,"央行下发内部通知,严禁向水泥、炼钢、炼铁、化纤、电解铝和煤炭等近十个产能过剩行业发放新增贷款,同时禁止上述行业以短融券、中期票据、可转债、新发企业债等方式融资。此外,对愿意自动停产、弃产企业,可减免部分贷款利息或帮助转产。"

"从大趋势看,针对产能过剩行业的信贷投放调控比较厉害,不论是结构还是总量,都越来越严。"多位银行业内人士表示,事实上,从去年以来,针对产能过剩行业的贷款、发债审批一直在收紧,而近两天未接到所谓的紧急通知。其实并没有一刀切禁止,而是针对这些过剩行业边控、边降,以适度控制的方式在压。

但值得关注的是,新华社旗下《经济参考报》在 2013 年 7 月 9 日一则报道称,多部委将对过剩产能"釜底抽薪",具体举措包括严格信贷、差别电价、能源消耗总量限制、问责制等。就严格信贷的部分,"下阶段,央行和银监会将把金融支持节能减排和淘汰落后产能工作摆在更加突出的位置,把支持节能减排和淘汰落后产能作为加强银行审贷管理的重要参照依据"。

从去年年末开始,中国对"4 万亿"投资与目前的过剩产能、环保治理等方面均有反思,所以此次严控过剩行业信贷的说法并不令人意外。然而在央行自 7 月 20 日起全面放开金融机构贷款利率管制的背景下,对过剩行业"一刀切"的信贷政策传闻,又令不少市场人士忧虑。

在全球紧缩的情况,雪中加冰的政策,只能让我们在 2008 年第二次大萧条还没结束,就又跌入了万丈深渊的第三次大萧条里。

2013 年 6 月二十国集团 G20 财政部长和央行行长会议在莫斯科举行。

会议认为,全球经济增长依然低迷,复苏基础尚不稳固,各主要经济体之间复苏进度不平衡,许多国家的失业率依然居高不下。近期国际金融市场波动性上升,金融形势仍不乐观。

会议上,不少欧美国家对中国经济增长速度放缓有一些担忧,并且提出希望中国采取积极措施提高经济增速,以此带动其他国家的经济复苏。对此,楼继伟表示:"我们今年的经济增长如果按 GDP 算,没有去年高。但是我们新增的就业比去年还多。所以这次会上,其他的财长们都很担心,也很期望中国的经济是不是能增长得再快一点。我告诉他们,你们别想。我们觉得我们的就业很好就非常舒服了。你们自己的功课要自己去完成。"

当年胡佛他们也是这么想的。

楼继伟指出,今年上半年,中国新增城镇就业 732 万人,比去年同期增加 38 万人,这主要是得益于服务业就业增长较快。同时,上半年净出口对中国经济增长的贡献率为 0.9%,表明中国经济增长主要依靠内需,经济结构在发生积极变化。楼继伟说:"我们的就业不错、服务业也不错,我们看到我们的发电量和用电量增长了大概 4% 左右。但是我们看到其中服务业用电量增加了 8%。我们看到投资还不弱,但是我们看到服务业的投资更强,这说明活力在增强。所以总体上来说,我(对中国经济)是非常有信心的。"

同样,在美国、欧洲和日本迫切需要依靠债券收益率的秘密来解决自己国家的经济灾难的时刻。我们的央行和经济学家同样是臭名昭著"清算主义"者。

今天的 2013 年,我们只能感叹上帝需要毁灭世界的时候,他会选择"中国人民银行和中国的经济学家"作为他的执行者。

2013 年,中国人民银行和经济学家第二次在欧洲经济陷入大衰退的时候,用史无前例的"钱荒"政策来压制全球经济;第二次让世界无处不在的"套利者中央银行"在 2013～2014 年解体。

正视经济政策的一错再错不要重蹈覆辙,大失业是否爆发在政策间摇摆或确定。